A GARANTIA JURISDICIONAL DA
CONSTITUIÇÃO DA REPÚBLICA

FELLIPE ALVES DIVINO LIMA MESQUITA ABRAHÃO

A GARANTIA JURISDICIONAL DA CONSTITUIÇÃO DA REPÚBLICA

L732	Abrahão, Fellipe
	A Garantia Jurisdicional da Constituição da República / Fellipe Abrahão – Niterói, 2013.
	143 f.
	Livro (Direito)
	1. Jurisdição Constitucional. 2. Controle Jurisdicional de Constitucionalidade. 3. Poder Constituinte. 4. Supremo Tribunal Federal, II. Título.
	ISBN: 9781798456255

A Endrius, Denilce, Leonardo, Adelino e todos os familiares que me apoiaram.

A Diego Tadeu e todos os meus amigos.

A todos os professores da Faculdade de Direito da Universidade Nacional de Lomas de Zamora - Argentina, pelas lições aprendidas.

A Gustavo Semblano, Cecilia Bottaro e todos os amigos e companheiros que fizeram os períodos letivos extremamente prazerosos.

A todos, muito obrigado.

PREFÁCIO

O presente estudo teve por finalidade o exame do controle de constitucionalidade exercido pelo Supremo Tribunal Federal. A análise da defesa do estado constitucional conduziu a três instrumentos que possuem íntima conexão: a supremacia constitucional, a rigidez constitucional e o controle de constitucionalidade. O sistema brasileiro de fiscalização da constitucionalidade atual foi construído a partir da junção do sistema difuso americano com o sistema concentrado austríaco, sendo certo que novos instrumentos de controle de constitucionalidade tornaram o sistema de fiscalização de constitucionalidade mais objetivo e, em certos aspectos, mais democraticamente legítimo.

SUMÁRIO

I. INTRODUÇÃO..	13
II. DO CONTROLE DE CONSTITUCIONALIDADE	19
II.1. CONSIDERAÇÕES PRELIMINARES	19
II.2. MODELOS DE FISCALIZAÇÃO DA CONSTITUCIONALIDADE	20
II.2.1. Da Inexistência de Fiscalização de Constitucionalidade – Modelo Inglês	20
II.2.2. Da Fiscalização Política de Constitucionalidade – Modelo Francês	22
II.2.3. Da Fiscalização Jurisdicional de Constitucionalidade – Modelo Americano..	23
II.2.4. Da Fiscalização Autônoma de Constitucionalidade – Modelo Austríaco..	26
II.2.5. Dialética Atual	28
III. DA FISCALIZAÇÃO DA CONSTITUCIONALIDADE NO BRASIL...	31
III.1. BREVE HISTÓRICO DA FISCALIZAÇÃO DA CONSTITUCIONALIDADE BRASILEIRA	31
III.1.1. Na Constituição do Império de 1824	31
III.1.2. Na Constituição da República de 1891	32
III.1.3. Na Constituição da República de 1934	33
III.1.4. Na Constituição da República de 1937	34
III.1.5. Na Constituição da República de 1946	35
III.1.5.1. Emenda nº.16/65 à Constituição da República de 1946.	38
III.1.6. Na Constituição da República de 1967	39
III.2. DO CONTROLE DE CONSTITUCIONALIDADE EM VIGOR	40
III.2.1. Do Controle pelo Poder Executivo	42
III.2.2. Do Controle pelo Poder Legislativo	43
III.2.3. Do Controle pelo Poder Judiciário	45
III.2.3.1. Via Incidental de Controle de Constitucionalidade	45
III.2.3.1.1. Questão Prejudicial Deduzida Perante Qualquer Juiz ou Tribunal	45

III.2.3.1.2. Via Incidental Especial: Mandado de Injunção Perante os Tribunais... 49
III.2.3.2. Via Principal de Controle de Constitucionalidade 58
III.2.3.2.1. Ação Direita de Inconstitucionalidade Perante o STF. 58
III.2.3.2.2. Ação Direta de Inconstitucionalidade por Omissão Perante o STF... 62
III.2.3.2.3. Ação Declaratória de Constitucionalidade Perante o STF 65
III.2.3.2.4. Representação de Inconstitucionalidade Perante os Tribunais Estaduais.. 68
III.2.3.2.5. Arguição de Descumprimento de Preceito Fundamental 71
III.2.3.2.6. Representação Interventiva 75
III.2.3.3. Via Sui Generis de Controle de Constitucionalidade – Súmula Vinculante... 77

IV. A LEGITIMIDADE DEMOCRÁTICA DA JURISDIÇÃO CONSTITUCIONAL NO BRASIL 81
IV.1. DEMOCRACIA CONCEITUAL....................................... 82
IV.2. O ATUAL SIGNIFICADO DE DEMOCRACIA.. 83
IV.2.1. A Superação da Ideia de Democracia Como Regime da Maioria e Como Regime Fundado na Representação Política.. 83
IV.2.1.1 A Democracia Participativa ou Semidireta Como Parâmetro.. 87
IV.2.1.2 Da Democracia Representativa à Democracia Participativa 89
IV.2.2. Democracia Participativa e Direitos Fundamentais 93
IV.2.3. Legitimidade e Participação 95
IV.3. A LEGITIMIDADE DEMOCRÁTICA DA JURISDIÇÃO CONSTITUCIONAL BRASILEIRA 97
IV.3.1. O Judiciário Brasileiro e a Defesa da Constituição 97
IV.3.2. Inovações da Constituição da República de 1988 e da Legislação Infraconstitucional 100
IV.3.3. Pluralismo, Participação das Minorias e Jurisdição Constitucional Brasileira 103
IV.4. A LEGITIMIDADE DEMOCRÁTICA DO CONTROLE JURISDICIONAL DE CONSTITUCIONALIDADE SOB DIFERENTES ASPECTOS 107
IV.4.1 Legitimidade pela Investidura 107

IV.4.2 Legitimidade pelo Acesso à Justiça 111
IV.4.3 Legitimidade pela Participação 114
IV.4.3.1 Do *Amicus Curiae* 114
IV.4.3.2 Da Audiência Pública 117
IV.4.4 Legitimidade pela Instrução 120
IV.4.5 Legitimidade pela Argumentação 122
IV.4.6 Legitimidade e Acesso à Justiça 126
IV.4.7 Legitimidade Pela Defesa dos Direitos Fundamentais . 129

V. CONCLUSÃO 133

VI. REFERÊNCIAS BIBLIOGRÁFICAS 139

I. INTRODUÇÃO

Segundo o ilustre professor José Joaquim Gomes Canotilho, constitucionalismo é a teoria (ou ideologia) que ergue o princípio do governo limitado indispensável à garantia dos direitos em dimensão estruturante da organização político-social de uma comunidade[1]. Vale dizer, constitucionalismo é a técnica jurídica da tutela das liberdades, surgidas nos fins do século XVIII, que possibilitou aos cidadãos exercerem, com base em constituições escritas, os seus direitos e garantias fundamentais, sem que o Estado lhes pudesse oprimir pelo uso da força e do arbítrio, conforme lição de Uadi Lammêgo Bulos[2].

A história presenciou diversos movimentos constitucionais com traços eminentemente nacionais – inglês, americano, francês –, mas com alguns momentos de aproximação entre si, fornecendo uma complexa trama histórico-cultural que permite compreender/forjar o constitucionalismo moderno.

Com efeito, as revoluções liberais do século XVIII, vivenciado na América do Norte e na Europa, legitimou o surgimento da denominada constituição moderna. Trata-se da ordenação jurídica sistemática e racional da comunidade política,

---

[1] CANOTILHO, 2009, p.51.
[2] BULOS, 2009, p.10.

plasmada em documento escrito, que incorporou um conjunto de direitos fundamentais e o respectivo modo de garantia, imprimindo limites ao poder político[3].

Para o professor Jorge Alejandro Amaya, o estado constitucional é aquele que reconhece direitos fundamentais e, ao mesmo tempo, divide o poder político.

> La conexión entre ambos elementos se ilustra a partir que los derechos individuales son los limites principales del poder político e inviolables por el mismo, tanto en el sentido negativo como positivo, es decir en el sentido que está obligado a asegurar su disfrute por parte de los individuos.
> La división de los poderes fue concebida como un remedio preventivo para controlar el abuso de poder y por ello, para proteger los derechos individuales[4].

Hoje, qualquer que seja o conceito e a justificação de estado e de constituição, só há lugar para a concepção de estado constitucional democrático de direito[5].

No entanto, o estado constitucional democrático de direito estaria frágil e incompleto se não assegurasse garantias da observância, estabilidade e preservação das normas constitucionais, bem como sanções contra atos dos órgãos de soberania e dos outros poderes públicos não conformes com a constituição[6].

---

[3] Sobre os conceitos de constituição, cf.: MENDES, 2008, p. 4-14; BULOS, 2009, p.30-40; MIRANDA, p.52-71.; CANOTILHO, 2009, p.54-60; BONAVIDES, 2008, p.93-140.
[4] AMAYA 2012, p. 29.
[5] CANOTILHO, 2009, p.100.
[6] ibidem. p.887.

Nesse sentido, a lição de Héctor Fix-Zamudio:

> *En efecto, existe un amplio consenso en la doctrina en el sentido de que es luciente que se expida un texto fundamental que contenga los principios, valores y normas que se consideren esenciales para la comunidad política en un momento determinado, sino que es indispensable, si no se quiere que el documento se transforme en un simple texto nominal o inclusive semántico, que éste tenga aplicación en la realidad social, y si dicha aplicación no es efectiva, así sea de manera limitada pero perceptible, es preciso el establecimiento de los mecanismos necesarios para que esta situación pueda corregirse y se restablezca el orden constitucional desconocido o violado.*[7]

A defesa do estado constitucional conduz à análise de três instrumentos intimamente relacionados: o princípio da supremacia constitucional, a rigidez constitucional e o controle de constitucionalidade.

A supremacia da Constituição revela sua posição hierárquica mais elevada dentro do sistema, que se estrutura de forma escalonada, em diferentes níveis. É ela o fundamento de validade de todas as demais normas, conforme lição do professor Luis Roberto Barroso[8]. Com efeito, nenhuma lei ou outro ato normativo poderá subsistir validamente em contradição com a constituição.

Nessa linha de pensamento, a supremacia da constituição deve ser entendida como uma superlegalidade formal e material.

---
[7] FIX-ZAMUDIO, 2011, p.104.
[8] BARROSO, 2009, p.1.

Formal porque se identifica a Constituição como fonte de toda e qualquer produção normativa, dentro do ordenamento jurídico, inclusive determinando os procedimentos que devem ser seguidos no processo legislativo. E material, porque subordina o conteúdo de todas as espécies normativas à observância dos princípios e regras constitucionais.

A rigidez constitucional, por sua vez, exprime a clara distinção existente entre normas constitucionais e infraconstitucionais. Sob a perspectiva formal, pode-se assegurar que a constituição, para figurar como parâmetro, como paradigma de validade dos demais atos normativos, necessita de um processo mais agravado e complexo do que aqueles exigidos para a elaboração das espécies normativas ordinárias. Aliás, não fosse essa distinção formal, a contrariedade da lei posteriormente editada conduziria à derrogação constitucional e, não, à inconstitucionalidade da espécie normativa. Sob o prisma substancial, a rigidez constitucional representa certa estabilidade à própria constituição, evitando ou mesmo impedindo alterações que comprometam a decisão política fundamental.

O controle de constitucionalidade, por seu turno, é um importante instrumento que garante a prevalência da constituição perante as demais espécies normativas.

A respeito, Mauro Arturo Rivera León:

> *El fenómeno nominado neoconstitucionalismo ha comenzado a permear en distintos órdenes jurídicos a partir del corolario de la supremacia*

> *constitucional. Este cambio fue motivado por distintos factores históricos, de los cuales uno de los principales (y más recientes) es la expedición de notables Constituciones posbélicas como rechazo a lo ocurrido en la Segunda Guerra Mundial. Sin embargo, conceptualizar a una Constitución como el centro de la vida requiere mecanismos que restauren el orden constitucional cuando éste ha sido perturbado. No es extraño por tanto, que la importancia otorgada a la jurisdicción constitucional haya aumentado enormemente en estos últimos años y que el derecho procesal constitucional juegue un papel relevante en la ciencia jurídica contemporánea[9].*

A rigor, o controle de constitucionalidade constitui etapa imprescindível de toda decisão judicial, oportunidade em que o intérprete da norma fixa uma das premissas lógicas da decisão, ou seja, resolve pela aplicação ou rejeição da norma incidente na hipótese, em razão de ela estar ou não conforme a constituição. Além disso, diz respeito a uma forma de exercício da jurisdição constitucional em favor da harmonia da ordem jurídica, negando eficácia à norma jurídica de qualquer espécie que, em tese, esteja em desacordo com disposição constitucional.

Nesse sentido, a jurisprudência do E. Supremo Tribunal Federal:

> Sabemos que a supremacia da ordem constitucional traduz princípio essencial que deriva, em nosso sistema de direito positivo, do caráter eminentemente rígido de que se revestem as normas inscritas no estatuto fundamental.

---

[9] RIVERA LEÓN, 2010, p.224/225.

Nesse contexto, em que a autoridade normativa da Constituição assume decisivo poder de ordenação e de conformação da atividade estatal – que nela passa a ter o fundamento de sua própria existência, validade e eficácia –, nenhum ato de Governo (Legislativo, Executivo e Judiciário) poderá contrariar-lhe os princípios ou transgredir-lhe os preceitos, sob pena de o comportamento dos órgãos do Estado incidir em absoluta desvalia jurídica[10].

---

[10] STF. ADI/MC nº. 2.215/PE. Relator Min. Celso de Mello. Julgamento em 17/04/2001 *apud* BULOS, 2009, p.54-55.

II. DO CONTROLE DE CONSTITUCIONALIDADE

II.1. CONSIDERAÇÕES PRELIMINARES

Compreender a constituição como lei fundamental implica no reconhecimento de sua supremacia na ordem jurídica. Com efeito, o ordenamento compõe-se de normas jurídicas situadas em planos distintos, formando um escalonamento de diferentes níveis, sendo certo que no nível mais elevado do Direito Positivo, está a constituição, que é o parâmetro, a lei fundamental do Estado[11].

Nas palavras de J. J. Gomes Canotilho:

> A ideia de *superlegalidade formal* (a constituição como norma primária da produção jurídica) justifica a tendencial *rigidez* das leis fundamentais, traduzida na consagração, para as leis de revisão, de exigências processuais, formais e materiais, "agravadas" ou "reforçadas" relativamente às leis ordinárias. Por sua vez, a parametricidade material das normas constitucionais conduz à exigência da *conformidade* substancial de todos os atos do Estado e dos poderes públicos com as normas e princípios hierarquicamente superiores da constituição. Da conjugação destas duas dimensões – superlegalidade material e superlegalidade formal da constituição – deriva o **princípio fundamental da**

---

[11] BULOS, 2009, p. 54.

constitucionalidade dos atos normativos: os atos normativos só estarão conformes com a constituição quando não violem o sistema formal, constitucionalmente estabelecido, da produção desses atos, e quando não contrariem, positiva ou negativamente, os parâmetros materiais plasmados nas regras ou princípios constitucionais[12].

E a supremacia constitucional reclama mecanismos suficientes para garantir, juridicamente, essa sua qualidade. Segundo o Ministro Gilmar Ferreira Mendes, o reconhecimento da supremacia da Constituição e de sua força vinculante em relação aos Poderes Públicos torna inevitável a discussão sobre formas e modos de defesa da Constituição e sobre a necessidade de controle de constitucionalidade dos atos do Poder Público[13].

Assim, formas e instrumentos de defesa vão emergindo historicamente em resposta à natureza dos ataques à Constituição[14].

II.2. MODELOS DE FISCALIZAÇÃO DA CONSTITUCIONALIDADE

II.2.1. Da Inexistência de Fiscalização de Constitucionalidade – Modelo Inglês

Segundo Clèmerson Clève[15], o movimento constitucionalista, vitória das revoluções burguesas na Europa

---

[12] CANOTILHO, 2009, p. 890.
[13] MENDES, 2008, p.1006.
[14] SILVA, 2007, p. 247.
[15] CLÈVE, 2000, p. 57.

continental, não se firmou entre os britânicos. Na verdade, o direito inglês continuou sustentado em bases costumeiras, incorporando algumas importantes leis escritas que, contudo, não possuíam distinção formal entre leis constitucionais e leis ordinárias.

A Constituição britânica, entendida unicamente sob o ponto de vista material, contempla o conjunto dos mais importantes costumes, práticas e documentos jurídicos do país. Do ponto de vista jurídico, trata-se de constituição flexível, submetida às alterações impressas pelo Parlamento que, desde a gloriosa revolução, possui supremacia.

Dessa forma, sendo ilimitada a vontade do Parlamento e inexistindo constituição escrita, não há lugar para a instituição de um mecanismo de fiscalização de constitucionalidade[16].

Cumpre, no entanto, ressaltar que, com a criação da Comunidade Europeia, vem se desenvolvendo um sistema de controle da legitimidade das leis dos países membros com relação aos atos básicos da Comunidade e dos direitos fundamentais por ela compreendidos como princípios gerais do direito. Com efeito, o *European Communities Act*, de 1972, atribuiu hierarquia superior ao direito comunitário em face das leis formais aprovadas pelo Parlamento. E, com a aprovação do *Human Rights Act*, de 1998, os tribunais britânicos estão incumbidos de aferir a legitimidade das leis em face das disposições da Convenção de Direitos Humanos. Não obstante não seja declarada a nulidade ou a invalidade da lei,

---

[16] idem. p. 58.

assegura-se à parte prejudicada uma indenização no caso de verificada a incompatibilidade. Assim, tem-se identificado também no Reino Unido os contornos de uma jurisdição constitucional de caráter geral ou não especializada[17].

II.2.2. Da Fiscalização Política de Constitucionalidade – Modelo Francês.

A história revolucionária francesa culminou na adoção de um sistema rígido de separação dos poderes, inadmitindo interferências recíprocas entre os poderes do Estado. Com efeito, após a Revolução de 1789, os atos da Administração estavam sujeitos à fiscalização de um órgão extrajudiciário: o Conselho de Estado, enquanto os excessos do Judiciário estavam submetidos à Corte de Cassação. Não é de admirar, portanto, que, mesmo adotando Constituições rígidas, o direito francês jamais tenha atribuído aos órgãos judiciários competência para o exercício da fiscalização da constitucionalidade[18].

> Além da peculiar e rígida concepção do princípio da divisão dos poderes que advogam, outros dois fatores contribuíram para forjar a experiência constitucional francesa. *Primeiro*, o entendimento desenvolvido desde a revolução de 1789, segundo o qual a lei constitui expressão da vontade geral, por isso a soberania da nação reside no Parlamento. Se é assim, se o parlamento é soberano e se sua obra constitui a expressão da vontade geral, então não há razão

---

[17] MARTINS, 2009, p. 4.
[18] CLÈVE, 2000, p. 59.

para dela desconfiar. *Segundo*, os abusos cometidos pelos juízes (*Parlements*), no período que precedeu a revolução, determinou, de certo modo, a desconfiança dos franceses em relação ao Judiciário. Tal desconfiança, por sua vez, influenciou de forma decisiva a organização do Poder Judiciário na França. Um poder neutro, mudo, cuja única função é aplicar a lei, sem questioná-la, porém[19].

A opção pela fiscalização política da legitimidade constitucional das leis foi adotada definitivamente na Constituição de 1958, com a criação do *Conseil Constitutionnel*. Trata-se de órgão político, responsável pelo controle preventivo da constitucionalidade das leis, ou seja, uma fiscalização política exercida antes da promulgação da lei.

II.2.3. Da Fiscalização Jurisdicional de Constitucionalidade – Modelo Americano

Os Estados Unidos da América incorporaram a doutrina desenvolvida por Sir Edward Coke, que atribuía aos juízes o poder de controlar a legitimidade das leis, negando aplicação àquelas que ferissem a *common law*. A doutrina da supremacia da *common law*, repudiada na Inglaterra depois de 1688, foi incorporada e transferida para o campo constitucional pela tradição jurídica americana[20], permitindo o desenvolvimento da *judicial review*.

---

[19] Idem, p. 60.
[20] *Apud* CLÈVE, 2000, p. 63-64.

O modelo americano de controle de constitucionalidade não decorreu, como se sabe, de uma clara e expressa opção do constituinte. Na verdade, a *judicial review*, corrente na jurisprudência desde 1780, foi definitivamente incorporada no direito constitucional americano em 1803, pela decisão do *Chief Justice* Marshall, no célebre caso *William Marbury v. James Madison*, sinteticamente apresentada por Clèmerson Clève nos seguintes termos:

> A Constituição ou é uma lei superior e predominante, e lei imutável pelas formas ordinárias; ou está no mesmo nível juntamente com as resoluções ordinárias da legislatura e, como as outras resoluções, é mutável quando a legislatura houver por bem modificá-la.
> Se é verdadeira a primeira parte do dilema, então não é a lei a resolução legislativa incompatível com a Constituição; se a segunda parte é verdadeira, então as Constituições escritas são absurdas tentativas do povo para delimitar um poder por sua natureza ilimitável. Certamente, todos quantos fabricam Constituições escritas consideraram tais instrumentos como a lei fundamental e predominante da nação e, consequentemente, a teoria de todo o governo, organizado por uma Constituição escrita, deve ser que é nula toda a resolução normativa com ela incompatível [...].
> Se nula é a resolução da legislatura inconciliável com a Constituição, deverá, a respeito da sua nulidade, vincular os tribunais e obrigá-los a dar-lhe efeitos? [...].
> Enfaticamente, é a província e o dever do Poder Judiciário dizer o que é lei. Aqueles que aplicam a regra aos casos particulares devem necessariamente expor e interpretar essa regra. Se duas leis colidem uma com a outra, os

> tribunais devem julgar acerca da eficácia de cada uma delas.
> Assim, se uma lei está em oposição com a Constituição; se aplicadas ambas a um caso particular, o tribunal se vê na contingência de decidir a questão em conformidade da lei, desrespeitando a Constituição, ou consoante a Constituição, desrespeitando a lei; o tribunal deverá determinar qual destas regras em conflito regerá o caso. Esta é a verdadeira essência do Poder Judiciário.
> Se, pois, os tribunais têm por missão atender à Constituição e observá-la e se a Constituição é superior a qualquer resolução ordinária da legislatura, a Constituição, e nunca essa resolução ordinária, governará o caso a que ambas se aplicam[21].

Como se vê, a célebre decisão antes referida festeja a supremacia da norma constitucional em relação às legislaturas ordinárias e o papel fiscalizador do Poder Judiciário quanto à aplicação das leis no caso concreto.

Trata-se de autêntico exercício de construção constitucional (*construction*)[22], porquanto a Constituição não consagrava, expressamente, nenhum dispositivo de defesa para o caso de sua violação.

Enfim, pode-se anotar que o modelo americano de fiscalização de constitucionalidade é jurisdicional, declaratório, difuso e incidental. Com efeito, incumbe ao Poder Judiciário declarar nula e írrita lei que contrarie a constituição. Atividade que, por sua vez, é exercida por qualquer juiz ou tribunal, no curso da

---

[21] Idem, p. 65-66.
[22] BULOS, 2009, p. 114.

demanda, para decidir questão prejudicial – a da constitucionalidade da lei. No entanto, em razão da eficácia vinculante de suas decisões – princípio do *stare decisis* –, a Suprema Corte desempenha papel determinante no campo da jurisdição constitucional, fazendo da lei inconstitucional *dead law*, uma lei morta.

II.2.4. Da Fiscalização Autônoma de Constitucionalidade – Modelo Austríaco

Somente em 1920, a Áustria adotou um modelo de fiscalização de constitucionalidade, aperfeiçoada em 1929, nos moldes em que foi concebido por Hans Kelsen. E isto porque, até o início do século XX, assim como no direito francês, o Parlamento da Áustria ostentava posição de relativa supremacia, sendo inquestionável a legitimidade da lei, expressão da própria soberania.

Dessa forma, temos que a Constituição austríaca, de 1920, instituiu um Corte Constitucional competente para, de modo concentrado e unicamente por via de ação direta, atuar a fiscalização de constitucionalidade[23], vedada a fiscalização pelos tribunais ordinários. Todavia, com a reforma constitucional de 1929, o direito austríaco passou a admitir também o controle concreto, suscitado no curso de uma demanda judicial pelos órgãos jurisdicionais de segunda instância, tão somente.

O modelo kelseniano foi assimilado por outros países, especialmente os europeus, entre os quais se destacam Alemanha,

---
[23] CLÈVE, 2000, p. 68.

Itália, Espanha, Turquia, Chipre, Grécia e, mais recentemente, Bélgica.

Enfim, segundo Uadi Lammêgo Bulos, o modelo austríaco pode ser concisamente caracterizado da seguinte maneira:

> As leis federais ou estaduais e os regulamentos provenientes das autoridades administrativas podem ser objeto de controle da constitucionalidade (art. 139, par. 1º).
> Apenas as normas vigentes podem ter a constitucionalidade fiscalizada na via abstrata. Já as leis revogadas submetem-se ao controle concreto, na via de exceção.
> O Tribunal Constitucional somente controla a constitucionalidade das omissões parciais, nos casos de violação ao princípio da igualdade. A inconstitucionalidade por omissão total, por sua vez, não se sujeita ao crivo da Corte Austríaca, porque as bases positivistas do sistema, cunhadas pelo rigorismo teórico de Hans Kelsen, adstringem-se à declaração de inconstitucionalidade dos atos formalmente editados e promulgados.
> O sistema austríaco é marcadamente normativista. Não há espaços para juízos subjetivos na seara do controle da constitucionalidade. Valorações políticas comprometem o sentido do sistema concebido por Kelsen, baseado na regra de que o juiz não pode substituir o legislador. Aqui, ao contrário do modelo alemão, também não se podem invocar princípios jusnaturalistas como parâmetros de controle.
> Qualquer ato inconstitucional, que preserva sua força jurídica até o dia em que é cassado pelo Tribunal Constitucional, afigura-se absolutamente nulo. Ao cassar os efeitos da lei inconstitucional, no todo ou em parte, a Corte

austríaca desempenha um papel de legislador negativo (*negative Gesetzgeber*).
(...)
Quando o Tribunal pronuncia a inconstitucionalidade de uma lei (via concentrada), os efeitos da cassação começam a contar da data em que o julgado foi publicado (eficácia *ex nunc*). Nessa hipótese, inexistirá retroatividade. Porém, a declaração de inconstitucionalidade no caso concreto, na via de exceção, é retroativa, voltando no tempo e desfazendo os efeitos dos atos contrários à Constituição.
A Carta austríaca permite ao Tribunal estabelecer prazo máximo de uma no para a cassação do ato inconstitucional vigorar (art. 140, par. 5º, 2º e 3º períodos)[24].

II.2.5. Dialética Atual

O controle judicial de constitucionalidade foi construído a partir de diferentes concepções filosóficas e realidades históricas diversas, como já se registrou. Anota o eminente Ministro Gilmar Mendes que o modelo americano é revelador de uma forte desconfiança em relação ao legislador; o modelo europeu, além dessa desconfiança para com o legislador, traduz também uma dúvida em relação ao papel do juiz[25].

Assim, a divisão básica do controle judicial da constitucionalidade entre modelo difuso ou americano e modelo concentrado ou europeu somente deve ser concebida para fins didáticos. Na verdade, apesar de concebidos a partir de premissas

---

[24] BULOS, 2009, p. 116-117.
[25] MARTINS, 2009, p. 27.

particulares, os modelos americano e europeu apresentam, hoje, muita afinidade entre si.

A rigor, a possibilidade de as instâncias ordinárias suscitarem questão constitucional perante a Corte Constitucional e a existência de ações especiais para defesa dos direitos e garantias individuais relativizam a rigidez do modelo concentrado austríaco, aproximando-o do modelo difuso.

Por outro lado, a adoção do *writ of certiorari* como forma de provocação da Corte Suprema e a admissão de recurso do Poder Executivo contra decisão de inconstitucionalidade em processo do qual não foi parte tornam o modelo difuso americano mais próximo do modelo concentrado europeu.

Em suma, a diferenciação entre o modelo europeu continental e o modelo americano de controle de constitucionalidade não pode ser encarado de forma ortodoxa. A adoção de formas variadas nos diversos sistemas constitucionais mostra, por outro lado, a flexibilidade e [inclusive] a capacidade de adaptação desse instituto aos mais diversos sistemas políticos.[26]

---

[26] Idem, p. 42.

30

III. DA FISCALIZAÇÃO DA CONSTITUCIONALIDADE NO BRASIL

III.1. BREVE HISTÓRICO DA FISCALIZAÇÃO DA CONSTITUCIONALIDADE BRASILEIRA

III.1.1. Na Constituição do Império de 1824.

A Constituição de 1824, não contemplava qualquer sistema de controle de constitucionalidade.

A influência inglesa e francesa, expressas pelo princípio da supremacia do parlamento e da concepção da lei como expressão da vontade geral, manifestou-se na consagração do Poder Legislativo que, segundo o art. 15, era o responsável por "fazer leis, interpretá-las, suspendê-las e revogá-las" (VIII), bem assim, por "velar na guarda da Constituição, e promover o bem geral da Nação"(IX).

Além disso, instituía o Poder Moderador, "chave de toda a organização Política, e é delegado privativamente ao Imperador, como Chefe Supremo da Nação, e seu Primeiro Representante, para que incessantemente vele sobre a manutenção da independência, equilíbrio, e harmonia dos mais Poderes Políticos" (art. 98).

III.1.2. Na Constituição da República de 1891.

A influência norteamericana foi evidente, passou-se de Império do Brazil à República dos Estados Unidos do Brasil e as instituições políticas sofreram profunda reformulação: O Brasil adotou a República, o presidencialismo, o legislativo bicameral com um senado composto por representantes dos Estados, a federação, a *judicial review* e a estruturação judicial com a Suprema Corte e a justiça federal[27].

A Constituição Provisória de 1890 e o Decreto n.º 848, de 11/10/1880, contemplaram o sistema americano de controle difuso da constitucionalidade pelo Poder Judiciário, o que foi incorporado na Constituição de 1891. Competia, pois, "aos Juízes ou Tribunais Federais, processar e julgar: a) as causas em que alguma das partes fundar a ação, ou a defesa, em disposição da Constituição federal", na forma do art. 60. E ao Supremo Tribunal Federal foi atribuída competência para rever as "sentenças das Justiças dos Estados, em última instância", "quando se questionar sobre a validade, ou a aplicação de tratados e leis federais, e a decisão do Tribunal do Estado for contra ela"; bem assim, "quando se contestar a validade de leis ou de atos dos Governos dos Estados em face da Constituição, ou das leis federais, e a decisão do Tribunal do Estado considerar válidos esses atos, ou essas leis impugnadas", *ex vi* do que dispunha o art. 81, § 1º.

---

[27] CLÈVE, 2000, p. 82.

A disciplinar o sistema de controle de constitucionalidade, a Lei nº. 221, de 20/11/1894, dispôs no art. 13, § 10, que:

> "Os juízes e tribunais apreciarão a validade das leis e regulamentos e deixarão de aplicar aos casos ocorrentes as leis manifestamente inconstitucionais e os regulamentos manifestamente incompatíveis com as leis ou com a Constituição".

À evidência, estava consolidada o amplo sistema de controle difuso de constitucionalidade do Direito brasileiro[28], ou seja, o controle judicial, difuso, incidental e sucessivo da constitucionalidade.

III.1.3. Na Constituição da República de 1934.

A Constituição de 1934 manteve o controle difuso, incidental e sucessivo, introduzindo três importantes alterações:

a) Reserva de plenário: a inconstitucionalidade, nos tribunais, somente poderia ser declarada pelo voto da maioria absoluta de seus membros, na forma do art. 179;

b) Possibilidade de se atribuir eficácia *erga omnes* às decisões definitivas da Corte Suprema mediante resolução do Senado Federal, a quem competia "suspender a execução, no todo ou em parte, de qualquer lei ou ato, deliberação ou regulamento declarados inconstitucionais pelo Poder Judiciário" (art. 91, IV);

---

[28] MENDES, 2008, p.1038.

c) Criou a representação interventiva, confiada ao Procurador-Geral da República e sujeita à competência originária da Corte Suprema, a quem caberia "tomar conhecimento da lei que a tenha decretado [a intervenção da União nos Estados] e lhe declarar a constitucionalidade", quando se tratava de ação que objetivava assegurar a observância de princípios constitucionais (art. 12, § 2º). A "declaração de inconstitucionalidade para evitar a intervenção federal", conforme denominou Bandeira de Mello[29].

III.1.4. Na Constituição da República de 1937.

Segundo Clèmerson Clève, a Constituição de 1937 não passou, para utilizar a tipologia de Loewenstein, de uma *Constituição semântica*; tratava-se, afinal, de um Estatuto que tinha por função legitimar o golpe perpetrado pelo ditador[30].

Traduziu um inequívoco retrocesso no sistema de controle de constitucionalidade, segundo o eminente Min. Gilmar Mendes[31].

Com efeito, manteve a fiscalização da constitucionalidade prevista na Constituição de 1891, acrescentando a exigência de maioria absoluta dos membros dos tribunais para declaração de inconstitucionalidade, conforme prescrevera a Constituição de 1934.

---

[29] *Apud* MARTINS, 2009, p. 48.
[30] CLÈVE, 2000, p. 85-86.
[31] MARTINS, 2009, p. 50.

No entanto, preocupado em fortalecer o Poder Executivo, atenuou a supremacia do Judiciário e previu no art. 96, parágrafo único, que "no caso de ser declarada a inconstitucionalidade de uma lei que, a juízo do Presidente da República, seja necessária ao bem-estar do povo, à promoção ou defesa de interesse nacional de alta monta, poderá o Presidente da República submetê-la novamente ao exame do Parlamento: se este a confirmar por dois terços de votos em cada uma das Câmaras, ficará sem efeito a decisão do Tribunal".

Por fim, cumpre notar que a Carta de 1937 vedou, expressamente, ao Judiciário conhecer das questões exclusivamente políticas (art. 94), e o mandado de segurança perdeu a qualidade de garantia constitucional, passando a ser disciplinado pela legislação ordinária[32].

III.1.5. Na Constituição da República de 1946.

A Constituição de 1946 restaura o controle judicial da constitucionalidade no direito brasileiro, excluindo a possibilidade de cassação da decisão definitiva do Supremo Tribunal Federal pelo Legislativo e mantendo a atribuição do Senado Federal de atribuir eficácia *erga omnes* à decisão definitiva de inconstitucionalidade proferida pelo Supremo Tribunal Federal.

Tratou da competência para apreciar e julgar os recursos ordinários e extraordinários nos seguintes termos:

---

[32] MENDES, 2008, p.1042.

Art 101 - Ao Supremo Tribunal Federal compete:

(...)

II - julgar em recurso ordinário:

a) os mandados de segurança e os *habeas corpus* decididos em última instância pelos Tribunais locais ou federais, quando denegatória a decisão;

b) as causas decididas por Juízes locais, fundadas em tratado ou contrato da União com Estado estrangeiro, assim como as em que forem partes um Estado estrangeiro e pessoa domiciliada no País;

c) os crimes políticos;

III - julgar em recurso extraordinário as causas decididas em única ou última instância por outros Tribunais ou Juízes:

a) quando a decisão for contrária a dispositivo desta Constituição ou à letra de tratado ou lei federal;

b) quando se questionar sobre a validade de lei federal em face desta Constituição, e a decisão recorrida negar aplicação à lei impugnada;

c) quando se contestar a validade de lei ou ato de governo local em face desta Constituição ou de lei federal, e a decisão recorrida julgar válida a lei ou o ato;

d) quando na decisão recorrida a interpretação da lei federal invocada for diversa da que lhe haja dado qualquer dos outros Tribunais ou o próprio Supremo Tribunal Federal.

A representação interventiva, criada na Constituição de 1934, adquire nova configuração. No Texto de 1934, a lei que decretava a intervenção da União nos Estados precisava passar pelo exame de constitucionalidade perante o Supremo Tribunal Federal. Na Constituição de 1946, por sua vez, a decretação da intervenção federal nos casos de violação de princípios sensíveis[33] dependia da declaração da inconstitucionalidade da medida estadual por parte do Supremo Tribunal Federal. Competia, exclusivamente, ao Procurador-Geral da República propor representação de inconstitucionalidade esponte próprio ou a requerimento a ele apresentado, acompanhado de parecer.

Cumpre ressaltar que a representação de inconstitucionalidade, para fins de intervenção federal, possuía contornos próprios de controle abstrato de normas, conforme se vê do voto do eminente Ministro Castro Nunes, proferido na Rp n°. 94, de 17/07/1947:

> Atribuição nova, que o Supremo Tribunal é chamado a exercer pela primeira vez e cuja eficácia está confiada, pela Constituição, em primeira mão, ao patriotismo do próprio legislador estadual no cumprir, de pronto, a decisão e, se necessário, ao Congresso Nacional, na compreensão esclarecida da sua função coordenada com a do Tribunal, não será inútil o exame desses aspectos, visando delimitar a extensão, a executoriedade e a conclusividade do julgado.

---

[33] Art 7º - O Governo federal não intervirá nos Estados salvo para:
VII - assegurar a observância dos seguintes princípios:
a) forma republicana representativa;
b) independência e harmonia dos Poderes;
c) temporariedade das funções eletivas, limitada a duração destas à das funções federais correspondentes;
d) proibição da reeleição de Governadores e Prefeitos, para o período imediato;'
e) autonomia municipal;
f) prestação de contas da Administração;
g) garantias do Poder Judiciário.

> Na declaração em espécie, o Judiciário arreda a lei, decide o caso por inaplicação dela, e executa, ele mesmo, o seu aresto.
> Trata-se, aqui, porém, de inconstitucionalidade em tese, e nisso consiste a inovação desconhecida entre nós na prática judicial, porquanto até então não permitida pela Constituição.
> Em tais casos a inconstitucionalidade declarada não se resolve na inaplicação da lei ao caso ou no julgamento do direito questionado Poe abstração do texto legal comprometido; resolve-se por uma fórmula legislativa ou quase legislativa que vem a ser a não-vigência, virtualmente decretada, de uma dada lei.
> Nos julgamentos em espécie, o Tribunal não anula nem suspende a lei, que subsiste, vige e continuará a ser aplicada até que, como, entre nós, estabelece a Constituição, o Senado exercite a atribuição do art. 64.
> Na declaração em tese, a suspensão redunda na ab-rogação da lei ou na derrogação dos dispositivos alcançados, não cabendo ao órgão legiferante censurado senão a atribuição meramente formal de modificá-la ou regê-la, segundo as diretivas do prejulgado; é uma inconstitucionalidade declarada erga omnes, e não somente entre as partes; a lei não foi arredada apenas em concreto; foi cessada para todos os efeitos[34].

III.1.5.1. Emenda n°. 16/65 à Constituição da República de 1946.

A Emenda Constitucional n°. 16, de 26 de novembro de 1965, incorporou o controle abstrato de normas estaduais e federais. Alterou o art. 101, I, alínea K, acrescentando à competência originária do Supremo Tribunal Federal a "de processar e julgar

---

[34] MARTINS, 2009, p. 56-57.

representação contra a inconstitucionalidade de lei ou ato de natureza normativa, federal ou estadual, encaminhada pelo Procurador-Geral da República". Introduziu-se, assim, no direito brasileiro um controle judicial de constitucionalidade por via principal, mediante ação direta, semelhante ao modelo austríaco (europeu continental).

Autorizou, ainda, a adoção, pelos Estados-membros, de processo de competência dos Tribunais de Justiça para declaração de inconstitucionalidade de lei ou ato normativo de Município em conflito com a Constituição do Estado (art. 124, XII).

III.1.6. Na Constituição da República de 1967.

A Constituição da República de 1967 não trouxe significativas alterações para o sistema judicial de controle de constitucionalidade. Manteve incólume o controle difuso e a ação direta de inconstitucionalidade. Quanto à representação de inconstitucionalidade, promoveu sua ampliação para a proteção dos princípios sensíveis (art. 10, VII) e também para prover a execução de lei federal (art. 10, VI, 1ª. parte), transferindo a competência para o Presidente da República de suspender o ato estadual declarado inconstitucional.

Ressalte-se, por oportuno, que não incorporou o processo de competência originária dos Tribunais de Justiça dos Estados para declarar a incompetência de lei ou ato normativo proferido pelos municípios em face da Constituição Estadual, conforme introduzira a EC nº. 16/65. A Emenda Constitucional nº. 1, de 1969, contudo, incluiu o controle de constitucionalidade de lei municipal em face da Constituição Estadual, para fins de intervenção no município.

Por fim, impende destacar que a Emenda Constitucional nº. 7, de 1977, introduziu a representação para fins de interpretação de lei ou ato normativo federal ou estadual (art. 119, I, e) e autorizou o deferimento de pedido cautelar em representação de inconstitucionalidade (art. 119, I, p).

III.2. DO CONTROLE DE CONSTITUCIONALIDADE EM VIGOR

A fiscalização judicial da constitucionalidade, no direito brasileiro, foi aperfeiçoada pela Constituição da República, de 05 de outubro de 1988. Consagrou-se a combinação do modelo difuso-incidental (sistema americano) com o concentrado-principal (sistema europeu), imprimindo-lhes, todavia, um conjunto de amplas alterações.

Dentre as principais modificações, destacam-se:

a) Ampliou da legitimação ativa para propositura de ação direta de inconstitucionalidade (art. 103);

b) Autorizou a recriação de ação direta de inconstitucionalidade de ato normativo estadual ou municipal em face da Constituição estadual (art. 125, § 2º);

c) Introduziu mecanismos de controle da inconstitucionalidade por omissão: a ação direta de inconstitucionalidade por omissão (art. 103, § 2º) e o mandado de injunção (art. 5º, LXXI);

d) Criou o mecanismo de arguição de descumprimento de preceito fundamental (art. 102, § 1º);

e) Alterou o recurso extraordinário, afeto, quase exclusivamente, às questões constitucionais (art. 102, III).

Como se vê, a Constituição da República, de 05 de outubro de 1988, manteve o sistema eclético, híbrido ou misto, combinando o controle *por via incidental e difuso* (sistema americano), que vinha desde o início da República, com o controle *por via principal e concentrado*, implantado com a EC n. 16/65 (sistema continental europeu)[35].

Em suma, o controle de constitucionalidade em vigor é composto pelos seguintes mecanismos:

A. Controle pelo Poder Executivo;

B. Controle pelo Poder Legislativo;

C. Controle pelo Poder Judiciário:
    1) Via Incidental:
        i. Questão prejudicial deduzida perante qualquer juiz ou tribunal;

---

[35] BARROSO, 2009, p. 64.

ii. Via incidental especial: Mandado de Injunção perante os tribunais.
2) Via Direta ou Principal:
   i. Ação Direita de Inconstitucionalidade perante o STF;
   ii. Ação Direta de Inconstitucionalidade por Omissão perante o STF;
   iii. Ação Declaratória de Constitucionalidade perante o STF;
   iv. Representação de Inconstitucionalidade perante os Tribunais de Justiça estaduais;
   v. Duas Hipóteses Especiais de Controle Concentrado:
      a. Arguição de Descumprimento de Preceito Fundamental;
      b. Ação Direta Interventiva.

III.2.1. Do Controle pelo Poder Executivo

Não obstante seja o controle judicial o principal mecanismo de fiscalização da constitucionalidade, ao Poder Executivo incumbe um papel relevante no controle preventivo da constitucionalidade, bem assim uma espécie de repressão da inconstitucionalidade.

A rigor, o processo legislativo infraconstitucional, disciplinado pelos artigos 61 a 69, da CRFB/88, contempla a participação do chefe do Executivo na sua fase final. Dispõe o § 1º, do art. 66, que, concluída a votação, o projeto de lei aprovado pelo Legislativo deve ser remetido ao chefe do Executivo para sanção ou veto. Nesta oportunidade, o Presidente da República, o Governador do Estado ou o Prefeito do Município podem vetar o projeto total ou parcialmente se considerar, no todo ou em parte, inconstitucional ou contrário ao interesse público.

Além disso, o Executivo, no exercício de suas atribuições, também está jungido ao que dispõe a Constituição da República. Assim, mesmo antes da Constituição de 1988, a doutrina e a jurisprudência haviam se consolidado no sentido de ser legítimo o Chefe do Executivo deixar de aplicar uma lei que considerasse inconstitucional[36], bem como determinar o mesmo aos seus subordinados.

Aliás, o Executivo, ao dar cumprimento à lei que considere inconstitucional, estará, ao mesmo tempo, negando vigência à Constituição, o que deve ser repudiado, em reverência à supremacia da Constituição.

III.2.2. Do Controle pelo Poder Legislativo

O Poder Legislativo, no exercício de suas atribuições típicas – elaboração de leis e emendas constitucionais –, desempenha um

---

[36] BARROSO, 2009, p. 69; BULOS, 2009, p. 278.

relevante controle da constitucionalidade das normas que edita. Trata-se de um controle preventivo da constitucionalidade que objetiva impedir a criação de norma incompatível com a ordem constitucional, porquanto a produção atos jurídicos contrários à vontade constitucional pode ser extremamente prejudicial e produzir efeitos irreversíveis, ainda que passível de controle judicial.

Assim é que, nos termos do art. 58, da CRFB/88, o Congresso Nacional e cada uma de suas casas possuem uma Comissão de Constituição e Justiça (CCJ), responsável pela verificação da compatibilidade das propostas de emenda constitucional e dos projetos de lei em face da Constituição.

Ademais, ao Legislativo incumbe dar a última palavra acerca do controle preventivo da constitucionalidade exercido pelo Executivo. Na forma do art. 66, § 4º, da CRFB/88, o veto poderá ser rejeitado, convertendo-se o projeto em lei, a ser promulgada pelo chefe do Executivo ou pelo chefe do Senado, se aquele se recusar a fazê-lo (art. 66, § 7º).

Por fim, é de se ressaltar, por oportuno, que o Poder Legislativo possui a faculdade de dar a última palavra acerca do direito constitucional positivo. Com efeito, observadas as limitações ao poder de reforma constitucional, o Congresso Nacional poderá emendar a Constituição, dando inteligência diversa da orientação fixada pelo Supremo Tribunal Federal sobre determinada matéria, porquanto a emenda legítima da constituição também possui natureza jurídica de norma constitucional. Trata-se do que a doutrina denomina de emenda constitucional superadora da interpretação fixada pelo Supremo Tribunal Federal[37].

III.2.3. Do Controle pelo Poder Judiciário

III.2.3.1. Via Incidental de Controle de Constitucionalidade

III.2.3.1.1. Questão Prejudicial Deduzida Perante Qualquer Juiz ou Tribunal

O modelo difuso de origem norteamericana – também chamado de desconcentrado, subjetivo, aberto, concreto, descentralizado ou incidental – está presente no sistema judicial brasileiro de controle da constitucionalidade desde a Constituição de 1891.

A rigor, este tipo de controle decorre do desempenho normal da função judicial: interpretação e aplicação do direito para a solução de litígios. Isto é, se sobre o caso concreto incide uma determinada norma, o intérprete, antes de aplicá-la, deverá certificar-se de que ela é constitucional[38]. Caso contrário, deve negar aplicação da norma invocada, fazendo prevalecer a Constituição.

Importante destacar, por oportuno, que a inconstitucionalidade pode ser arguida tanto pelo réu, como fundamento para se desobrigar do cumprimento de uma norma, quanto pelo autor, como forma de não se sujeitar aos efeitos de

---

[37] BARROSO, 2009, p. 74-75.
[38] idem. p. 01.

determinada norma e obter o provimento judicial pretendido. Não obstante, também o Ministério Público, oficiando como parte ou como *custos legis*, bem assim terceiros intervindo legitimamente (assistente, litisconsorte, oponente) podem arguir a inconstitucionalidade da norma incidente no caso concreto. Além disso, o juiz ou tribunal, quando as partes tenham silenciado a respeito, podem atuar de ofício no controle da constitucionalidade da norma aplicável à hipótese.

Assim, no curso de qualquer processo judicial, havendo suscitada a inconstitucionalidade de lei ou ato normativo aplicável ao caso concreto, incumbe ao magistrado ou tribunal decidir a respeito antes de, em primeiro ou em grau de recurso, apreciar o *meritum causae*. Vale dizer, no julgamento de ação ou recurso de sua competência, todos os juízes singulares e tribunais podem declarar a inconstitucionalidade de ato normativo incidente no caso concreto.

Aliás, todo e qualquer ato com força normativa pode ser objeto de controle pelos juízes singulares ou por tribunais, seja em face da Constituição da República, seja em face da Constituição Estadual. Por conseguinte, mesmo não tendo competência originária para apreciar impugnação de lei federal em face da Constituição da República, aos tribunais estaduais compete apreciar a incompatibilidade antes referida no âmbito do controle difuso. Da mesma forma, ao Supremo Tribunal Federal compete apreciar a constitucionalidade de qualquer espécie normativa através de recurso extraordinário[39].

Outro aspecto significativo é o fato de a decisão declaratória da inconstitucionalidade de ato normativo por parte de tribunal depender da aprovação da maioria absoluta de seus membros ou dos membros do respectivo órgão especial, na forma do que dispõe o art. 97, da CRFB/88.

Frise-se, no entanto, que a despeito da regra constitucional de reserva de plenário, havia quem entendesse que a inaplicação de uma lei na resolução de um caso concreto, por ser considerada inconstitucional, guardava distinção com a declaração de inconstitucionalidade e não demandava a manifestação da maioria absoluta dos membros do tribunal ou do órgão especial[40]. Contudo, essa posição foi definitivamente rechaçada com a edição do Enunciado n°. 10, da Súmula Vinculante do Egrégio Supremo Tribunal Federal. Veja-se:

> Viola a cláusula de reserva de plenário (CF, artigo 97) a decisão de órgão fracionário de tribunal que, embora não declare expressamente a inconstitucionalidade de lei ou ato normativo do poder público, afasta sua incidência, no todo ou em parte.

A declaração da constitucionalidade de lei ou ato normativo, por sua vez, pode ser proferida por órgão fracionário (Câmaras, Seções ou Turmas). Da mesma forma, prescinde de decisão da

---

[39] idem. p. 84-85.
[40] CLÈVE, 2000, p. 137-138.

maioria absoluta dos membros do tribunal ou do órgão especial a inconstitucionalidade de lei anteriormente reconhecida por aquele órgão ou proferida pelo Plenário do Supremo Tribunal Federal, conforme art. 481, do Código de Processo Civil.

O controle incidental da constitucionalidade, como já se disse, é exercido no desempenho da função judicial. A eficácia subjetiva da sentença transitada em julgado, como é de usual sabença, é limitada às partes do processo (CPC, art. 472). Por conseguinte, a declaração incidental de inconstitucionalidade possui efeitos *inter partes*, não produzindo qualquer efeito para o caso concreto, a lei impugnada. Em razão desse motivo, para atribuir efeito *erga omnes* à decisão definitiva proferida pelo Supremo Tribunal Federal, desde a Constituição de 1934, com exceção da Constituição de 1937, o Brasil conferiu ao Senado a competência de editar resolução suspendendo a execução da lei incidentalmente declarada inconstitucional (art. 52, X, da CRFB/88)[41].

Sob o ponto de vista temporal, em regra, à declaração de inconstitucionalidade é atribuída eficácia *ex tunc*, ou seja, declarada nula desde sua edição a espécie normativa impugnada, como corolário da supremacia constitucional, porquanto um ato

---

[41] Sobre a fórmula ínsita no art. 52, X, da CRFB/88, há quem entenda não fazer mais sentido, porquanto ao Supremo Tribunal Federal incumbe a proteção da Constituição, sendo certo que a decisão proferida em ação direta possui efeitos *erga omnes*. cf. CLÈVE, 2000, p.124-125; MENDES, 2008, p. 1080-1093; BULOS, 2009, p. 145/148.

inconstitucional não gera direitos e obrigações legitimamente exigíveis[42].

III.2.3.1.2. Via Incidental Especial: Mandado de Injunção Perante os Tribunais

Objetivando garantir a efetividade das normas constitucionais, a Constituição de 1988 criou dois instrumentos para lidar com as omissões inconstitucionais: o mandado de injunção e a ação direta de inconstitucionalidade por omissão.

Veja-se, a respeito, o art. 5º, LXXI, da CRFB/88, que trata do instituto do mandado de injunção:

> LXXI - conceder-se-á mandado de injunção sempre que a falta de norma regulamentadora torne inviável o exercício dos direitos e liberdades constitucionais e das prerrogativas inerentes à nacionalidade, à soberania e à cidadania;

Enquanto a ação direta de inconstitucionalidade por omissão constitui processo objetivo de fiscalização abstrata de constitucionalidade, de competência do Supremo Tribunal Federal, o mandado de injunção destina-se ao controle concreto da omissão

---

[42] Cumpre destacar que a tese da nulidade da norma inconstitucional pode ceder perante a ponderação de outros valores e bens jurídicos constitucionais. O fenômeno da modulação dos efeitos da declaração de inconstitucionalidade foi encartado no art. 27, da Lei nº. 9.868/99, que trata da ação direta de inconstitucionalidade e da ação declaratória de constitucionalidade. Cfr. BARROSO, 2009, p. 118; MENDES, 2008, p. 1098-1103.

legislativa, quando esta impede o exercício de direitos subjetivos constitucionalmente assegurados.

Segundo Uadi Lammêgo Bullos, o mandado de injunção possui natureza jurídica de uma ação civil, de caráter essencialmente mandamental e procedimento específico, destinado a combater a *síndrome de inefetividade das constituições*[43]. E a competência para processar e julgar o mandado de injunção foi confiado aos tribunais: Supremo Tribunal Federal (art. 102, I, q e II, a); Superior Tribunal de Justiça (art. 105, I, h); Tribunal Superior Eleitoral (art. 121, § 4º, V) e Tribunais de Justiça (art. 125, § 1º).

No entanto, apesar de festejado, o novo instituto não correspondeu às expectativas que se lhe atribuíram, ao menos no início de sua aplicação. E a principal causa desta frustração, identifica a doutrina, deveu-se à orientação excessivamente restritiva firmada pelo E. Supremo Tribunal Federal com relação aos efeitos da decisão que concedia a ordem[44].

Inicialmente, o STF firmou sua jurisprudência no sentido de que deveria limitar-se a constatar a inconstitucionalidade da omissão e determinar que o legislador empreendesse as providências requeridas[45], o que, por si só, não surtia qualquer efeito para o cidadão impedido de exercer seu direito por ausência de norma regulamentadora.

---

[43] BULOS, 2009, p.599.
[44] BULOS, 2009, p.597-608; BARROSO, 2009, p. 122-143.
[45] MENDES, 2008, p. 1211.

Em alguns precedentes, no entanto, o Supremo Tribunal Federal deu início à alteração de seu entendimento com relação ao instituto. Assim é que no Mandado de Injunção n°. 232[46], cujo relator foi o eminente Ministro Moreira Alves, o Tribunal reconheceu a mora legislativa e estipulou prazo de seis meses para a edição da lei referida no art. 195, § 7°, da CRFB/88, sendo certo que decorrido o prazo sem a que fosse sanada a omissão legislativa, o requerente passaria a gozar do direito ínsito na norma constitucional – isenção tributária.

Da mesma forma, no MI n°. 283[47], cujo relator foi o eminente Min. Sepúlveda Pertence, a decisão estipulou prazo para que fosse

---

[46] "Mandado de injunção. - Legitimidade ativa da requerente para impetrar mandado de injunção por falta de regulamentação do disposto no par. 7. do artigo 195 da Constituição Federal. - Ocorrência, no caso, em face do disposto no artigo 59 do ADCT, de mora, por parte do Congresso, na regulamentação daquele preceito constitucional. Mandado de injunção conhecido, em parte, e, nessa parte, deferido para declarar-se o estado de mora em que se encontra o Congresso Nacional, a fim de que, no prazo de seis meses, adote ele as providencias legislativas que se impõem para o cumprimento da obrigação de legislar decorrente do artigo 195, par. 7., da Constituição, sob pena de, vencido esse prazo sem que essa obrigação se cumpra, passar o requerente a gozar da imunidade requerida".

[47] "- Mandado de injunção: mora legislativa na edição da lei necessária ao gozo do direito a reparação econômica contra a União, outorgado pelo art. 8., par. 3., ADCT: deferimento parcial, com estabelecimento de prazo para a purgação da mora e, caso subsista a lacuna, facultando o titular do direito obstado a obter, em juízo, contra a União, sentença liquida de indenização por perdas e danos. 1. O STF admite - não obstante a natureza mandamental do mandado de injunção (MI 107 - QO) - que, no pedido constitutivo ou condenatório, formulado pelo impetrante, mas, de atendimento impossível, se contem o pedido, de atendimento possível, de declaração de inconstitucionalidade da omissão normativa, com ciência ao órgão competente para que a

suprida a mora legislativa, sob pena de assegurar ao prejudicado a satisfação dos direitos negligenciados. No mesmo sentido, ainda, o MI nº. 234[48], cujo relator foi o eminente Min. Celso Mello.

---

supra (cf. Mandados de Injunção 168, 107 e 232). 2. A norma constitucional invocada (ADCT, art. 8., par. 3. - "Aos cidadãos que foram impedidos de exercer, na vida civil, atividade profissional especifica, em decorrência das Portarias Reservadas do Ministério da Aeronáutica n. S-50-GM5, de 19 de junho de 1964, e n. S-285-GM5 será concedida reparação econômica, na forma que dispuser lei de iniciativa do Congresso Nacional e a entrar em vigor no prazo de doze meses a contar da promulgação da Constituição" - vencido o prazo nela previsto, legitima o beneficiário da reparação mandada conceder a impetrar mandado de injunção, dada a existência, no caso, de um direito subjetivo constitucional de exercício obstado pela omissão legislativa denunciada. 3. Se o sujeito passivo do direito constitucional obstado e a entidade estatal a qual igualmente se deva imputar a mora legislativa que obsta ao seu exercício, e dado ao Judiciário, ao deferir a injunção, somar, aos seus efeitos mandamentais típicos, o provimento necessário a acautelar o interessado contra a eventualidade de não se ultimar o processo legislativo, no prazo razoável que fixar, de modo a facultar-lhe, quanto possível, a satisfação provisória do seu direito. 4. Premissas, de que resultam, na espécie, o deferimento do mandado de injunção para: a) declarar em mora o legislador com relação a ordem de legislar contida no art. 8., par. 3., ADCT, comunicando-o ao Congresso Nacional e a Presidência da Republica; b) assinar o prazo de 45 dias, mais 15 dias para a sanção presidencial, a fim de que se ultime o processo legislativo da lei reclamada; c) se ultrapassado o prazo acima, sem que esteja promulgada a lei, reconhecer ao impetrante a faculdade de obter, contra a União, pela via processual adequada, sentença liquida de condenação a reparação constitucional devida, pelas perdas e danos que se arbitrem; d) declarar que, prolatada a condenação, a superveniência de lei não prejudicara a coisa julgada, que, entretanto, não impedira o impetrante de obter os benefícios da lei posterior, nos pontos em que lhe for mais favorável".

[48] "- MANDADO DE INJUNÇÃO - NATUREZA JURÍDICA - FUNÇÃO PROCESSUAL - ADCT, ART. 8., PARAGRAFO 3. (PORTARIAS RESERVADAS DO MINISTÉRIO DA AERONÁUTICA) - A QUESTÃO DO SIGILO - MORA INCONSTITUCIONAL DO PODER LEGISLATIVO - EXCLUSAO DA UNIÃO FEDERAL DA RELAÇÃO PROCESSUAL-

ILEGITIMIDADE PASSIVA "AD CAUSAM" - "WRIT" DEFERIDO. - O caráter essencialmente mandamental da ação injuncional - consoante tem proclamado a jurisprudência do Supremo Tribunal Federal - impõe que se defina, como passivamente legitimado "ad causam", na relação processual instaurada, o órgão público inadimplente, em situação de inércia inconstitucional, ao qual e imputável a omissão causalmente inviabilizadora do exercício de direito, liberdade e prerrogativa de índole constitucional. No caso, "ex vi" do parágrafo 3. do art. 8. do Ato das Disposições Constitucionais Transitórias, a inatividade inconstitucional e somente atribuível ao Congresso Nacional, a cuja iniciativa se reservou, com exclusividade, o poder de instaurar o processo legislativo reclamado pela norma constitucional transitória. - Alguns dos muitos abusos cometidos pelo regime de exceção instituído no Brasil em 1964 traduziram-se, dentre os vários atos de arbítrio puro que o caracterizaram, na concepção e formulação teórica de um sistema claramente inconvivente com a pratica das liberdades publicas. Esse sistema, fortemente estimulado pelo "perigoso fascínio do absoluto" (Pe. JOSEPH COMBLIN, "A Ideologia da Segurança Nacional - o Poder Militar da America Latina", p. 225, 3. ed., 1980, trad. de A. Veiga Fialho, Civilização Brasileira), ao privilegiar e cultivar o sigilo, transformando-o em "práxis" governamental institucionalizada, frontalmente ofendeu o princípio democrático, pois, consoante adverte NORBERTO BOBBIO, em lição magistral sobre o tema ("O Futuro da Democracia", 1986, Paz e Terra), não há, nos modelos políticos que consagram a democracia, espaço possível reservado ao mistério. O novo estatuto político brasileiro - que rejeita o poder que oculta e não tolera o poder que se oculta - consagrou a publicidade dos atos e das atividades estatais como valor constitucionalmente assegurado, disciplinando-o, com expressa ressalva para as situações de interesse público, entre os direitos e garantias fundamentais. A Carta Federal, ao proclamar os direitos e deveres individuais e coletivos (art. 5.), enunciou preceitos básicos, cuja compreensão e essencial a caracterização da ordem democrática como um regime do poder visível, ou, na lição expressiva de BOBBIO, como "um modelo ideal do governo público em público". - O novo "writ" constitucional, consagrado pelo art. 5., LXXI, da Carta Federal, não se destina a constituir direito novo, nem a ensejar ao Poder Judiciário o anômalo desempenho de funções normativas que lhe são institucionalmente estranhas. O mandado de injunção não e o sucedâneo constitucional das funções político-jurídicas atribuídas aos órgãos estatais inadimplentes. A própria excepcionalidade desse novo instrumento jurídico "impõe" ao Judiciário o dever de

Marcante para o instituto do mandado de injunção, inegavelmente, foi a sessão realizada em 25/10/2007, onde o Supremo Tribunal Federal decidiu pela superação de sua jurisprudência, atribuindo perfil aditivo ao julgado. Com efeito, ao contrário do que fora decidido nos mandados de injunção nos. 20, 107, 485, 585 e 631, o Tribunal concedeu a ordem ao MI nº. 670[49] e

---

estrita observância do princípio constitucional da divisão funcional do poder. - Reconhecido o estado de mora inconstitucional do Congresso Nacional - único destinatário do comando para satisfazer, no caso, a prestação legislativa reclamada - e considerando que, embora previamente cientificado no Mandado de Injunção n. 283, rel. Min. SEPÚLVEDA PERTENCE, absteve-se de adimplir a obrigação que lhe foi constitucionalmente imposta, torna-se "prescindível nova comunicação a instituição parlamentar, assegurando-se aos impetrantes, "desde logo", a possibilidade de ajuizarem, "imediatamente", nos termos do direito comum ou ordinário, a ação de reparação de natureza econômica instituída em seu favor pelo preceito transitório".

[49] "MANDADO DE INJUNÇÃO. GARANTIA FUNDAMENTAL (CF, ART. 5º, INCISO LXXI). DIREITO DE GREVE DOS SERVIDORES PÚBLICOS CIVIS (CF, ART. 37, INCISO VII). EVOLUÇÃO DO TEMA NA JURISPRUDÊNCIA DO SUPREMO TRIBUNAL FEDERAL (STF). DEFINIÇÃO DOS PARÂMETROS DE COMPETÊNCIA CONSTITUCIONAL PARA APRECIAÇÃO NO ÂMBITO DA JUSTIÇA FEDERAL E DA JUSTIÇA ESTADUAL ATÉ A EDIÇÃO DA LEGISLAÇÃO ESPECÍFICA PERTINENTE, NOS TERMOS DO ART. 37, VII, DA CF. EM OBSERVÂNCIA AOS DITAMES DA SEGURANÇA JURÍDICA E À EVOLUÇÃO JURISPRUDENCIAL NA INTERPRETAÇÃO DA OMISSÃO LEGISLATIVA SOBRE O DIREITO DE GREVE DOS SERVIDORES PÚBLICOS CIVIS, FIXAÇÃO DO PRAZO DE 60 (SESSENTA) DIAS PARA QUE O CONGRESSO NACIONAL LEGISLE SOBRE A MATÉRIA. MANDADO DE INJUNÇÃO DEFERIDO PARA DETERMINAR A APLICAÇÃO DAS LEIS Nos 7.701/1988 E 7.783/1989. 1. SINAIS DE EVOLUÇÃO DA GARANTIA FUNDAMENTAL DO MANDADO DE INJUNÇÃO NA JURISPRUDÊNCIA DO SUPREMO TRIBUNAL FEDERAL (STF). (...) 2. O MANDADO DE INJUNÇÃO E O DIREITO DE GREVE DOS SERVIDORES PÚBLICOS CIVIS NA JURISPRUDÊNCIA DO STF. (...) 3. DIREITO DE GREVE DOS SERVIDORES

PÚBLICOS CIVIS. HIPÓTESE DE OMISSÃO LEGISLATIVA INCONSTITUCIONAL. MORA JUDICIAL, POR DIVERSAS VEZES, DECLARADA PELO PLENÁRIO DO STF. RISCOS DE CONSOLIDAÇÃO DE TÍPICA OMISSÃO JUDICIAL QUANTO À MATÉRIA. A EXPERIÊNCIA DO DIREITO COMPARADO. LEGITIMIDADE DE ADOÇÃO DE ALTERNATIVAS NORMATIVAS E INSTITUCIONAIS DE SUPERAÇÃO DA SITUAÇÃO DE OMISSÃO. (...) 4. DIREITO DE GREVE DOS SERVIDORES PÚBLICOS CIVIS. REGULAMENTAÇÃO DA LEI DE GREVE DOS TRABALHADORES EM GERAL (LEI No 7.783/1989). FIXAÇÃO DE PARÂMETROS DE CONTROLE JUDICIAL DO EXERCÍCIO DO DIREITO DE GREVE PELO LEGISLADOR INFRACONSTITUCIONAL. (...) 5. O PROCESSAMENTO E O JULGAMENTO DE EVENTUAIS DISSÍDIOS DE GREVE QUE ENVOLVAM SERVIDORES PÚBLICOS CIVIS DEVEM OBEDECER AO MODELO DE COMPETÊNCIAS E ATRIBUIÇÕES APLICÁVEL AOS TRABALHADORES EM GERAL (CELETISTAS), NOS TERMOS DA REGULAMENTAÇÃO DA LEI No 7.783/1989. A APLICAÇÃO COMPLEMENTAR DA LEI No 7.701/1988 VISA À JUDICIALIZAÇÃO DOS CONFLITOS QUE ENVOLVAM OS SERVIDORES PÚBLICOS CIVIS NO CONTEXTO DO ATENDIMENTO DE ATIVIDADES RELACIONADAS A NECESSIDADES INADIÁVEIS DA COMUNIDADE QUE, SE NÃO ATENDIDAS, COLOQUEM "EM PERIGO IMINENTE A SOBREVIVÊNCIA, A SAÚDE OU A SEGURANÇA DA POPULAÇÃO" (LEI No 7.783/1989, PARÁGRAFO ÚNICO, ART. 11). (...) 6. DEFINIÇÃO DOS PARÂMETROS DE COMPETÊNCIA CONSTITUCIONAL PARA APRECIAÇÃO DO TEMA NO ÂMBITO DA JUSTIÇA FEDERAL E DA JUSTIÇA ESTADUAL ATÉ A EDIÇÃO DA LEGISLAÇÃO ESPECÍFICA PERTINENTE, NOS TERMOS DO ART. 37, VII, DA CF. FIXAÇÃO DO PRAZO DE 60 (SESSENTA) DIAS PARA QUE O CONGRESSO NACIONAL LEGISLE SOBRE A MATÉRIA. MANDADO DE INJUNÇÃO DEFERIDO PARA DETERMINAR A APLICAÇÃO DAS LEIS Nos 7.701/1988 E 7.783/1989. (...)".

ao MI nº. 708[50], cujo acórdão ficou a cargo do eminente Min. Gilmar Ferreira Mendes, e ao MI nº. 712[51], cujo relator foi o eminente Min.

---

[50] "MANDADO DE INJUNÇÃO. GARANTIA FUNDAMENTAL (CF, ART. 5º, INCISO LXXI). DIREITO DE GREVE DOS SERVIDORES PÚBLICOS CIVIS (CF, ART. 37, INCISO VII). EVOLUÇÃO DO TEMA NA JURISPRUDÊNCIA DO SUPREMO TRIBUNAL FEDERAL (STF). DEFINIÇÃO DOS PARÂMETROS DE COMPETÊNCIA CONSTITUCIONAL PARA APRECIAÇÃO NO ÂMBITO DA JUSTIÇA FEDERAL E DA JUSTIÇA ESTADUAL ATÉ A EDIÇÃO DA LEGISLAÇÃO ESPECÍFICA PERTINENTE, NOS TERMOS DO ART. 37, VII, DA CF. EM OBSERVÂNCIA AOS DITAMES DA SEGURANÇA JURÍDICA E À EVOLUÇÃO JURISPRUDENCIAL NA INTERPRETAÇÃO DA OMISSÃO LEGISLATIVA SOBRE O DIREITO DE GREVE DOS SERVIDORES PÚBLICOS CIVIS, FIXAÇÃO DO PRAZO DE 60 (SESSENTA) DIAS PARA QUE O CONGRESSO NACIONAL LEGISLE SOBRE A MATÉRIA. MANDADO DE INJUNÇÃO DEFERIDO PARA DETERMINAR A APLICAÇÃO DAS LEIS Nos 7.701/1988 E 7.783/1989. 1. SINAIS DE EVOLUÇÃO DA GARANTIA FUNDAMENTAL DO MANDADO DE INJUNÇÃO NA JURISPRUDÊNCIA DO SUPREMO TRIBUNAL FEDERAL (STF). (...) 2. O MANDADO DE INJUNÇÃO E O DIREITO DE GREVE DOS SERVIDORES PÚBLICOS CIVIS NA JURISPRUDÊNCIA DO STF. (...) 3. DIREITO DE GREVE DOS SERVIDORES PÚBLICOS CIVIS. HIPÓTESE DE OMISSÃO LEGISLATIVA INCONSTITUCIONAL. MORA JUDICIAL, POR DIVERSAS VEZES, DECLARADA PELO PLENÁRIO DO STF. RISCOS DE CONSOLIDAÇÃO DE TÍPICA OMISSÃO JUDICIAL QUANTO À MATÉRIA. A EXPERIÊNCIA DO DIREITO COMPARADO. LEGITIMIDADE DE ADOÇÃO DE ALTERNATIVAS NORMATIVAS E INSTITUCIONAIS DE SUPERAÇÃO DA SITUAÇÃO DE OMISSÃO. (...) 4. DIREITO DE GREVE DOS SERVIDORES PÚBLICOS CIVIS. REGULAMENTAÇÃO DA LEI DE GREVE DOS TRABALHADORES EM GERAL (LEI No 7.783/1989). FIXAÇÃO DE PARÂMETROS DE CONTROLE JUDICIAL DO EXERCÍCIO DO DIREITO DE GREVE PELO LEGISLADOR INFRACONSTITUCIONAL. (...) 5. O PROCESSAMENTO E O JULGAMENTO DE EVENTUAIS DISSÍDIOS DE GREVE QUE ENVOLVAM SERVIDORES PÚBLICOS CIVIS DEVEM OBEDECER AO MODELO DE COMPETÊNCIAS E ATRIBUIÇÕES APLICÁVEL AOS TRABALHADORES EM GERAL (CELETISTAS), NOS TERMOS DA REGULAMENTAÇÃO DA LEI No 7.783/1989. A APLICAÇÃO

Eros Grau, regulamentando o direito de greve dos servidores públicos, ante o reconhecimento da mora legislativa.

COMPLEMENTAR DA LEI No 7.701/1988 VISA À JUDICIALIZAÇÃO DOS CONFLITOS QUE ENVOLVAM OS SERVIDORES PÚBLICOS CIVIS NO CONTEXTO DO ATENDIMENTO DE ATIVIDADES RELACIONADAS A NECESSIDADES INADIÁVEIS DA COMUNIDADE QUE, SE NÃO ATENDIDAS, COLOQUEM "EM PERIGO IMINENTE A SOBREVIVÊNCIA, A SAÚDE OU A SEGURANÇA DA POPULAÇÃO" (LEI No 7.783/1989, PARÁGRAFO ÚNICO, ART. 11). (...) 6. DEFINIÇÃO DOS PARÂMETROS DE COMPETÊNCIA CONSTITUCIONAL PARA APRECIAÇÃO DO TEMA NO ÂMBITO DA JUSTIÇA FEDERAL E DA JUSTIÇA ESTADUAL ATÉ A EDIÇÃO DA LEGISLAÇÃO ESPECÍFICA PERTINENTE, NOS TERMOS DO ART. 37, VII, DA CF. FIXAÇÃO DO PRAZO DE 60 (SESSENTA) DIAS PARA QUE O CONGRESSO NACIONAL LEGISLE SOBRE A MATÉRIA. MANDADO DE INJUNÇÃO DEFERIDO PARA DETERMINAR A APLICAÇÃO DAS LEIS Nos 7.701/1988 E 7.783/1989. (...)".

[51] "MANDADO DE INJUNÇÃO. ART. 5º, LXXI DA CONSTITUIÇÃO DO BRASIL. CONCESSÃO DE EFETIVIDADE À NORMA VEICULADA PELO ARTIGO 37, INCISO VII, DA CONSTITUIÇÃO DO BRASIL. LEGITIMIDADE ATIVA DE ENTIDADE SINDICAL. GREVE DOS TRABALHADORES EM GERAL [ART. 9º DA CONSTITUIÇÃO DO BRASIL]. APLICAÇÃO DA LEI FEDERAL N. 7.783/89 À GREVE NO SERVIÇO PÚBLICO ATÉ QUE SOBREVENHA LEI REGULAMENTADORA. PARÂMETROS CONCERNENTES AO EXERCÍCIO DO DIREITO DE GREVE PELOS SERVIDORES PÚBLICOS DEFINIDOS POR ESTA CORTE. CONTINUIDADE DO SERVIÇO PÚBLICO. GREVE NO SERVIÇO PÚBLICO. ALTERAÇÃO DE ENTENDIMENTO ANTERIOR QUANTO À SUBSTÂNCIA DO MANDADO DE INJUNÇÃO. PREVALÊNCIA DO INTERESSE SOCIAL. INSUBSSISTÊNCIA DO ARGUMENTO SEGUNDO O QUAL DAR-SE-IA OFENSA À INDEPENDÊNCIA E HARMONIA ENTRE OS PODERES [ART. 2O DA CONSTITUIÇÃO DO BRASIL] E À SEPARAÇÃO DOS PODERES [art. 60, § 4o, III, DA CONSTITUIÇÃO DO BRASIL]. INCUMBE AO PODER JUDICIÁRIO PRODUZIR A NORMA SUFICIENTE PARA TORNAR VIÁVEL O EXERCÍCIO DO DIREITO DE GREVE DOS SERVIDORES PÚBLICOS, CONSAGRADO NO ARTIGO 37, VII, DA CONSTITUIÇÃO DO BRASIL (...)".

Aliás, além de regulamentar o exercício do direito ínsito no art. 37, VII, da CRFB/88, conferindo perfil aditivo à decisão[52], o Tribunal concedeu a ordem em favor de todo o funcionalismo público civil, transcendendo os limites subjetivos do *mandamus*[53].

Por fim, cumpre salientar que a orientação atual do Supremo Tribunal Federal não deve ser encarada como violadora da separação dos poderes, porquanto se trata de medida prevista na própria Constituição da República de 1988. Além disso, a atuação do Judiciário neste sentido pressupõe a omissão violadora de direitos constitucionais por parte do Legislativo. Ademais, não se impede elaboração de legislação específica acerca da matéria, porquanto se trata de regramento provisório com o objetivo de suprir a omissão legislativa e garantir a efetividade da norma constitucional.

III.2.3.2. Via Principal de Controle de Constitucionalidade

III.2.3.2.1. Ação Direita de Inconstitucionalidade Perante o STF

A precursora, no Brasil, do controle abstrato da constitucionalidade por via principal foi a representação interventiva criada pela Constituição de 1934, com as modificações introduzidas pela Constituição de 1946, como outrora já se disse.

---

[52] MENDES, 2008, p. 1218:"[S]entenças aditivas ou modificativas, esclarece Rui Medeiros que elas são em geral aceitas quando integram ou completam um regime previamente adotado pelo legislador ou ainda quando a solução adotada pelo Tribunal incorpora 'solução constitucionalmente obrigatória'".
[53] MENDES, 2008, p. 1207-1223; BARROSO, 2009, p. 142.

No entanto, somente com a Emenda Constitucional nº. 16, à Constituição da República de 1946, que o controle de constitucionalidade por ação direta, nos moldes do modelo austríaco, foi introduzido no sistema brasileiro.

A Constituição da República de 1988, por sua vez, foi responsável por instituir um curador para o ato impugnado – o Advogado-Geral da União – e ampliar significativamente a legitimidade ativa para a propositura da ação direta de inconstitucionalidade – ADI, rompendo com a legitimidade privativa do Procurador-Geral da República, que ocupava cargo de confiança do Presidente da República.

Assim, segundo o art. 103, da CRFB/88, podem propor ação direta de inconstitucionalidade:

> I - o Presidente da República;
> II - a Mesa do Senado Federal;
> III - a Mesa da Câmara dos Deputados;
> IV - a Mesa de Assembleia Legislativa;
> V - o Governador de Estado;
> IV - a Mesa de Assembleia Legislativa ou da Câmara Legislativa do Distrito Federal; (Redação dada pela EC nº 45, de 2004)
> V - o Governador de Estado ou do Distrito Federal; (Redação dada pela Emenda Constitucional nº 45, de 2004)
> VI - o Procurador-Geral da República;
> VII - o Conselho Federal da Ordem dos Advogados do Brasil;
> VIII - partido político com representação no Congresso Nacional;
> IX - confederação sindical ou entidade de classe de âmbito nacional.

Segundo o eminente Ministro Gilmar Mendes, a ampla legitimação conferida à propositura da ADI operou uma substancial alteração no modelo de controle de constitucionalidade até então vigente no Brasil. Citando Gerhard Anschütz, destaca que toda vez que se outorga a um Tribunal especial atribuição para decidir questões constitucionais, limita-se, explícita ou implicitamente, a competência da jurisdição ordinária para apreciar tais controvérsias[54].

Com efeito, a ampla legitimação, a presteza e a celeridade desse modelo processual faz com que as grandes questões constitucionais sejam solvidas, na sua maioria, mediante a utilização da ação direta, típico instrumento do controle concentrado[55], mesmo porque as decisões proferidas na ADI possuem eficácia *erga omnes* e vinculam todos os órgãos do Judiciário e a Administração Pública federal, estadual e municipal, conforme dispõe o art. 28, parágrafo único, da Lei n°. 9.868/99[56].

A ADI possui natureza jurídica de ação, porém de ação que inaugura um 'processo objetivo'. Um 'processo' que se materializa, do mesmo modo que os demais, como instrumento da jurisdição (constitucional concentrada)[57], conforme lição de Clèmerson Clève.

---

[54] MARTINS, 2009, p.86.
[55] idem. p.87.
[56] "A declaração de constitucionalidade ou de inconstitucionalidade, inclusive a interpretação conforme a Constituição e a declaração parcial de inconstitucionalidade sem redução de texto, têm eficácia contra todos e efeito vinculante em relação aos órgãos do Poder Judiciário e à Administração Pública federal, estadual e municipal".
[57] CLÈVE, 2000, p.142.

As partes do processo devem ser enfrentadas no âmbito formal, tão-somente, porquanto a ADI não trata de conflito de interesses subjetivos, mas da impugnação de ato normativo perante a Constituição. A *praxis* do Supremo Tribunal Federal refere-se a *requerente* e *requerido*, respectivamente, para designar o autor do pedido e o órgão do qual emanou o ato impugnado[58].

Os atos jurídicos impugnáveis mediante ação direta de inconstitucionalidade são leis e atos normativos federais e estaduais, conforme art. 102, I, a, da CRFB/88. Resumidamente, podemos dizer que são as espécies normativas ínsitas no art. 59, da CRFB/88, vale dizer, emendas à Constituição, lei complementar, lei ordinária, lei delegada, medida provisória, decretos legislativos, resoluções e, ainda, decretos autônomos e tratados internacionais.

A ADI comporta o deferimento de medida cautelar, conforme dispõe o art. 102, I, p, da CRFB/88, mediante votação da maioria absoluta dos membros do Tribunal (seis ministros, portanto), reunidos em sessão do Pleno, que conte com a presença de pelo menos oito ministros, *ex vi* do que dispõe o art. 10, da Lei n°. 9.868/99. O deferimento da medida liminar possui eficácia vinculante, em analogia à decisão final de declaração de inconstitucionalidade[59].

---

[58] BARROSO, 2009, p.151.
[59] BARROSO, 2009, p.180: "1. Reclamação. 2. Garantia da autoridade de provimento cautelar na ADI 1.730/RN. 3. Decisão do Tribunal de Justiça do Estado do Rio Grande do Norte em Mandado de Segurança. Reenquadramento de servidor aposentado, com efeitos "ex nunc". Aposentadoria com proventos correspondentes à remuneração de classe imediatamente

Conforme se adiantou, para dizer que o controle abstrato limita o exercício do controle concreto ou incidental, a decisão definitiva proferida em ação direta de inconstitucionalidade, em regra, gera efeitos retroativos (*ex tunc*), gerais (*erga omnes*), repristinatórios e vinculantes. Além disso, trata-se de decisão judicial irrecorrível, que só admite a oposição de embargos de declaração, sendo certo que a parte dispositiva adquire autoridade de coisa julgada.

Por fim, cumpre salientar que os efeitos da decisão podem ser modulados em razão da segurança jurídica ou de excepcional interesse social, mediante decisão proferida pela maioria de dois terços dos membros do Supremo Tribunal Federal, na forma do art. 27, da Lei n°. 9.868/99.

II.2.3.2.2. Ação Direta de Inconstitucionalidade por Omissão Perante o STF

A falta de efetividade constitucional foi sucinta e magistralmente descrita pelo professor Luis Roberto Barroso nos seguintes termos:

> superior. 4. Decisão que restabelece dispositivo cuja vigência encontrava-se suspensa por decisão do Supremo Tribunal Federal, em sede de cautelar. 5. Eficácia "erga omnes" e efeito vinculante de decisão cautelar proferida em ação direta de inconstitucionalidade. 6. Reclamação julgada procedente" (Rcl 2256/RN. Relator Min. GILMAR MENDES. Julgamento: 11/09/2003. Órgão Julgador: Tribunal Pleno. Publicação DJ 30-04-2004 PP-00034. EMENT VOL-02149-04 PP-00637).

> A experiência constitucional brasileira, da Independência até o início da vigência da Constituição de 1988, é uma crônica da distância entre intenção e gesto, do desencontro entre norma e realidade. A marca da falta de efetividade, impulsionada pela insinceridade normativa, acompanhou o constitucionalismo brasileiro pelas décadas afora, desde a promessa de igualdade de todos na lei, feita pela Carta imperial de 1824 – a do regime escravocrata –, até a garantia a todos os trabalhadores do direito a colônia de férias e clínicas de repouso, constante da Carta de 1969 – a do regime militar. Destituídas de normatividade, as Constituições desempenhavam o papel menor, mistificador, de proclamar o que não era verdade e de prometer o que não seria cumprido. Boa parte da responsabilidade por essa disfunção pode ser creditada à omissão dos Poderes Públicos em dar cumprimento às normas constitucionais.

Assim, para combater a histórica inefetividade da norma constitucional, a Constituição da República de 1988 instituiu a ação direta de inconstitucionalidade por omissão, medida que tem por vocação a concretização da Constituição como um todo, isto é, [...] a realização do próprio Estado de Direito democrático, fundado na soberania, na cidadania, na dignidade da pessoa humana, nos valores sociais do trabalho, da iniciativa privada, e no pluralismo político[60].

Veja-se, a respeito, o que dispõe o artigo 103, §2º, da CRFB/88:

---

[60] MENDES, Gilmar Ferreira; COELHO, Inocêncio Mártires; BRANCO, Paulo Gustavo Gonet. *Curso de Direito Constitucional*. 3 ed. rev. atual. São Paulo: Editora Saraiva, 2008. 1434p. p.1179.

> § 2º - Declarada a inconstitucionalidade por omissão de medida para tornar efetiva norma constitucional, será dada ciência ao Poder competente para a adoção das providências necessárias e, em se tratando de órgão administrativo, para fazê-lo em trinta dias.

Como se vê, a inconstitucionalidade por omissão pressupõe o descumprimento da obrigação constitucional de legislar, vale dizer, quando a Constituição exige a edição de uma norma específica que regulamente o exercício de um direito constitucional e o órgão legislativo queda-se em inércia ilegítima, impedindo o exercício do direito.

A ação direta de inconstitucionalidade por omissão possui natureza jurídica de ação objetiva cujos legitimados são os mesmos previstos para a ação direta de inconstitucionalidade. Aliás, a Constituição de 1988 concebeu a inconstitucionalidade por omissão como uma espécie da inconstitucionalidade genérica atacada mediante propositura de ADI.

A Lei nº. 9.868/99, entretanto, trata do processo e julgamento da ação direta de inconstitucionalidade e da ação declaratória de constitucionalidade, mas nenhuma referência faz ao processamento e julgamento da ação direta de inconstitucionalidade por omissão. Dessa forma, o procedimento adotado para o controle abstrato da omissão constitucional é o mesmo previsto para as referidas ações, observadas as peculiaridades afetas à omissão inconstitucional.

Cumpre destacar, por oportuno, que para a doutrina o fenômeno da inconstitucionalidade por omissão não é eficientemente resolvido, porquanto a questão da inércia inconstitucional se debate com dificuldades decorrentes do esforço de conciliação entre o princípio da supremacia da Constituição e a separação de Poderes[61].

Com efeito, a orientação do Supremo Tribunal Federal é no sentido de julgar procedente ação direta de inconstitucionalidade por omissão nos casos de mora legislativa que importe em inefetividade da norma constitucional, contudo, não se encarrega a Corte de regulamentar provisoriamente a situação concreta, em respeito à separação dos poderes[62]. De toda a sorte, a mera notificação do Poder Legislativo absolutamente nenhum efeito enseja.

Resta, pois, aguardar uma mudança na jurisprudência do E. Supremo Tribunal Federal com respeito ao instituto, tal qual ocorrera com relação ao mandado de injunção.

III.2.3.2.3. Ação Declaratória de Constitucionalidade Perante o STF

A ação declaratória de constitucionalidade (ADC) foi inserida no sistema brasileiro de controle de constitucionalidade pela Emenda Constitucional nº. 3, de 17/03/1993, que acolheu a sugestão oriunda de estudos do eminente Min. Gilmar Ferreira Mendes e do professor Ives Gandra[63]. Posteriormente alterada pela EC nº.

---
[61] BARROSO, 2009, p. 240; BULOS, 2009, p.247-248.
[62] MENDES, 2008, p.1193-1194.
[63] MARTINS, 2009, p. XIX-XXVI.

45/2004, teve ampliada a legitimidade ativa até os moldes da ação direta de inconstitucionalidade.

A ADC possui finalidade muito clara: afastar a incerteza jurídica e estabelecer uma orientação homogênea na matéria[64], segundo o professor Luis Roberto Barroso.

A ação declaratória de constitucionalidade, assim como a ação direta de inconstitucionalidade, caracteriza-se como um processo objetivo por não conhecer partes, exceto no que diz respeito ao aspecto formal, porquanto não decorre de um conflito de interesses. A questão de constitucionalidade de lei ou ato normativo é levada à apreciação do Supremo Tribunal Federal em tese, em defesa da ordem jurídica e para corrigir estado grave de insegurança jurídica, festejada a supremacia da Constituição.

Assim, na ação declaratória de constitucionalidade, ao contrário do que ocorre na ação direta de inconstitucionalidade, o pedido é dirigido, como resulta de seu próprio *nomem iuris*, à declaração da constitucionalidade da norma. Por essa razão e porque a decisão final pela constitucionalidade ou pela inconstitucionalidade, em ambas as ações, tem eficácia geral, o eminente Ministro Gilmar Mendes consignou que a ação declaratória de constitucionalidade é, na verdade, uma Ação Direta de Inconstitucionalidade com o sinal trocado[65].

Cumpre destacar que o alvo de controle da ADC deve ser lei ou ato normativo federal em face da Constituição da República, de

---

[64] BARROSO, 2009, p. 218.
[65] MARTINS, 2009, p.124.

competência do Supremo Tribunal Federal, nos exatos termos do art. 102, I, a e § 2º, da CRFB/88. Observa-se, ainda, a possibilidade de Estado-membro instituir ação análoga para controle de lei ou ato normativo estadual e municipal, de competência do Tribunal de Justiça.

O processamento da ADC foi disciplinado, juntamente com o da ADI, na Lei nº. 9.868/99. Comporta também o deferimento de medida cautelar, por decisão da maioria absoluta dos ministros do STF, para suspensão do julgamento de todos os processos que envolvam a aplicação da lei ou ato normativo alvo do controle (art. 21).

A decisão final de procedência ou improcedência, vale dizer, declaratória da constitucionalidade ou da inconstitucionalidade, possui efeitos *erga omnes* e vinculantes, *ex vi* do que dispõem o art. 102, § 2º, da CRFB/88[66] e o art. 28, parágrafo único, da Lei nº. 9.868/99[67]. No que tange ao aspecto temporal, pode-se afirmar que, em regra, os efeitos da decisão declaratória de constitucionalidade possuem efeitos *ex tunc*, ou seja, a constitucionalidade da lei ou ato

---

[66] "Art. 102. § 2º As decisões definitivas de mérito, proferidas pelo Supremo Tribunal Federal, nas ações diretas de inconstitucionalidade e nas ações declaratórias de constitucionalidade produzirão eficácia contra todos e efeito vinculante, relativamente aos demais órgãos do Poder Judiciário e à administração pública direta e indireta, nas esferas federal, estadual e municipal".

[67] "Art. 28. Parágrafo único. A declaração de constitucionalidade ou de inconstitucionalidade, inclusive a interpretação conforme a Constituição e a declaração parcial de inconstitucionalidade sem redução de texto, têm eficácia contra todos e efeito vinculante em relação aos órgãos do Poder Judiciário e à Administração Pública federal, estadual e municipal".

normativo, antes presumida, é confirmada desde a sua edição. A improcedência do pedido com a declaração de inconstitucionalidade da lei ou ato normativo possui a mesma disciplina daquela proferida em ADI, inclusive no que tange à modulação de seus efeitos. Por fim, assim como visto na ADI, trata-se de decisão judicial irrecorrível, que só admite a oposição de embargos de declaração, sendo certo que a parte dispositiva adquire autoridade de coisa julgada.

III.2.3.2.4. Representação de Inconstitucionalidade Perante os Tribunais Estaduais

A representação de inconstitucionalidade perante os Tribunais de Justiça estaduais, prevista no art. 125, § 2°, da CRFB/88, possui natureza jurídica de ação e, assim como a ADI, funciona como instrumento da jurisdição constitucional concentrada.

Os atos jurídicos impugnáveis mediante representação de inconstitucionalidade são leis ou atos normativos estaduais e municipais, tendo como parâmetro a Constituição estadual. Frise-se, por oportuno, que lei ou ato normativo federal não pode ser objeto de controle em face da Constituição estadual e nem lei ou ato normativo estadual e municipal podem ser objeto de controle em face da Constituição da República de 1988.

Cumpre destacar que alguns dispositivos da Constituição da República possuem reprodução obrigatória nas constituições estaduais, além de outros serem reproduzidos por imitação, em razão da adesão voluntária do constituinte estadual em observância ao princípio da simetria. Assim, a impugnação de uma norma estadual ou municipal em face da Constituição do Estado pode corresponder, na verdade, a uma impugnação em face da Constituição da República.

A esse respeito, a orientação do Supremo Tribunal Federal é firme no sentido de ser possível a impugnação simultânea de um ato normativo estadual em face da Constituição da República e em face da Constituição do Estado[68], bem assim, quanto à obrigatoriedade de a impugnação de ato normativo municipal ser apreciada pelo

---

[68] Na hipótese de processamento simultâneo de ADI e representação de inconstitucionalidade, entende o E. STF que o processo no âmbito estadual deve ser suspenso até a decisão definitiva da ADI. A respeito, a decisão proferida em 20/06/1996 na ADI 1.423-SP, cujo relator foi o eminente Min. Moreira Alves: "Ação direta de inconstitucionalidade. Pedido de liminar. Lei nº 9.332, de 27 de dezembro de 1995, do Estado de São Paulo. - Rejeição das preliminares de litispendência e de continência, porquanto, quando tramitam paralelamente duas ações diretas de inconstitucionalidade, uma no Tribunal de Justiça local e outra no Supremo Tribunal Federal, contra a mesma lei estadual impugnada em face de princípios constitucionais estaduais que são reprodução de princípios da Constituição Federal, suspende-se o curso da ação direta proposta perante o Tribunal estadual até o julgamento final da ação direta proposta perante o Supremo Tribunal Federal, conforme sustentou o relator da presente ação direta de inconstitucionalidade em voto que proferiu, em pedido de vista, na Reclamação 425. - Ocorrência, no caso, de relevância da fundamentação jurídica do autor, bem como de conveniência da concessão da cautelar. Suspenso o curso da ação direta de inconstitucionalidade nº 31.819 proposta perante o Tribunal de Justiça do Estado de São Paulo, defere-se o pedido de liminar para suspender, ex nunc e até decisão final, a eficácia da Lei n 9.332, de 27 de dezembro de 1995, do Estado de São Paulo".

Tribunal de Justiça Estadual, ainda que tenha como parâmetro de controle dispositivo da Constituição do Estado de reprodução da Constituição da República, casos em que reserva para si a competência para apreciar recurso extraordinário interposto contra a decisão definitiva[69].

A legitimidade para propor representação por inconstitucionalidade depende da disposição ínsita na Constituição do Estado, vedada, tão-somente, a atribuição da legitimação a um órgão único (art. 125, § 2º, *in fine*, da CRFB/88).

A decisão definitiva proferida em representação por inconstitucionalidade, assim como na ADI, em regra, gera efeitos retroativos (*ex tunc*), gerais (*erga omnes*), repristinatórios e vinculantes. Além disso, trata-se de decisão judicial irrecorrível[70], que só admite a oposição de embargos de declaração, sendo certo que a parte dispositiva adquire autoridade de coisa julgada.

---

[69] Cf. Julgamento proferido em 11/06/1992 na Rcl383-SP, cujo relator foi o eminente Min. Moreira Alves: "Reclamação com fundamento na preservação da competência do Supremo Tribunal Federal. Ação direta de inconstitucionalidade proposta perante Tribunal de Justiça na qual se impugna Lei municipal sob a alegação de ofensa a dispositivos constitucionais estaduais que reproduzem dispositivos constitucionais federais de observância obrigatória pelos Estados. Eficácia jurídica desses dispositivos constitucionais estaduais. Jurisdição constitucional dos Estados-membros. - Admissão da propositura da ação direta de inconstitucionalidade perante o Tribunal de Justiça local, com possibilidade de recurso extraordinário se a interpretação da norma constitucional estadual, que reproduz a norma constitucional federal de observância obrigatória pelos Estados, contrariar o sentido e o alcance desta. Reclamação conhecida, mas julgada improcedente".

[70] Exceto ressalva feita na referência anterior.

III.2.3.2.5. Arguição de Descumprimento de Preceito Fundamental

A arguição de descumprimento de preceito fundamental foi inserida no sistema brasileiro de controle de constitucionalidade pelo parágrafo único do art. 102, da CRFB/88, em sua redação original, posteriormente transformado em § 1º, pela EC nº. 3/1993, nos seguintes termos: "Art. 102. § 1.º A arguição de descumprimento de preceito fundamental, decorrente desta Constituição, será apreciada pelo Supremo Tribunal Federal, na forma da lei". No entanto, foi regulamentada somente com a edição da Lei nº. 9.882/99, momento em que se tornou possível sua utilização[71].

---

[71] A orientação do STF foi firme no sentido de que a norma constitucional do art. 102, § 1º, da CRFB/88, não era autoaplicável. Cfr., a respeito, o julgamento proferido em 02/05/1993 no AgRg na PET 1.140: "DIREITO CONSTITUCIONAL, CIVIL E PROCESSUAL CIVIL. ARGÜIÇÃO DE DESCUMPRIMENTO DE PRECEITO FUNDAMENTAL: ART. 102, § 1º, DA CONSTITUIÇÃO FEDERAL DE 1988. DECRETO ESTADUAL DE INTERVENÇÃO EM MUNICÍPIO. Arts. 4º da Lei de Introdução ao Código Civil e art. 126 do Código de Processo Civil. 1. O § 1º do art. 102 da Constituição Federal de 1988 é bastante claro, ao dispor: "a arguição de descumprimento de preceito fundamental, decorrente desta Constituição, será apreciada pelo Supremo Tribunal Federal, na forma da lei". 2. Vale dizer, enquanto não houver lei, estabelecendo a forma pela qual será apreciada a arguição de descumprimento de preceito fundamental, decorrente da Constituição, o S.T.F. não pode apreciá-la. 3. Até porque sua função precípua é de guarda da Constituição (art. 102, "caput"). E é esta que exige Lei para que sua missão seja exercida em casos como esse. Em outras palavras: trata-se de competência cujo exercício ainda depende de Lei. 4. Também não compete ao S.T.F. elaborar Lei a respeito, pois essa é missão do Poder Legislativo (arts. 48 e seguintes da C.F.). 5. E nem se trata aqui de Mandado de Injunção, mediante o qual se pretenda compelir o Congresso Nacional a elaborar a Lei de que trata o § 1º do art. 102, se é que se pode sustentar o cabimento dessa espécie de ação, com base no art. 5º, inciso

Cumpre destacar que o Conselho Federal da Ordem dos Advogados do Brasil promoveu ADI, tombada sob o nº. 2.231-DF, cuja relatoria ficou a cargo do Min. Néri da Silveira, impugnando a íntegra da Lei Federal nº. 9.882, de 03 de dezembro de 1999 e, em especial, o artigo 1º, parágrafo único; art. 5º, §3º; art. 10, caput e §3º e art. 11. Em decorrência, o STF resolveu suspender o processamento das ADPFs até o julgamento da ADI que impugnou

---

LXXI, visando a tal resultado, não estando, porém, "sub judice", no feito, essa questão. 6. Não incide, no caso, o disposto no art. 4º da Lei de Introdução ao Código Civil, segundo o qual "quando a lei for omissa, o Juiz decidirá o caso de acordo com a analogia, os costumes e os princípios gerais de direito". É que não se trata de lei existente e omissa, mas, sim, de lei inexistente. 7. Igualmente não se aplica à hipótese a 2a. parte do art. 126 do Código de Processo Civil, ao determinar ao Juiz que, não havendo normas legais, recorra à analogia, aos costumes e aos princípios gerais de direito, para resolver lide "inter partes". Tal norma não se sobrepõe à constitucional, que, para a arguição de descumprimento de preceito fundamental dela decorrente, perante o S.T.F., exige Lei formal, não autorizando, à sua falta, a aplicação da analogia, dos costumes e dos princípios gerais de direito". 8. De resto, para se insurgir contra o Decreto estadual de intervenção no Município, tem este os meios próprios de impugnação, que, naturalmente, não podem ser sugeridos pelo S.T.F. 9. Agravo improvido. Votação unânime".

a lei de regência da ação[72], entendimento que foi recentemente alterado[73], conforme ressalta do professor Luis Roberto Barroso[74].

---

[72] Nesse sentido, a decisão proferida em 10/10/2001, na ADPF nº. 18-CE. Cfr. "Decisão : Apresentado o feito em mesa, pelo Senhor Ministro-Relator, que procedeu ao relato, o Tribunal deliberou aguardar o julgamento da ação direta de inconstitucionalidade que impugna a lei de regência da ação. Ausente, justificadamente, o Senhor Ministro Nelson Jobim. Presidiu o julgamento o Senhor Ministro Marco Aurélio. Plenário, 10.10.2001".
[73] Cfr. o julgamento proferido em 07/12/2005 na ADPF nº. 33-PA: "1. Arguição de descumprimento de preceito fundamental ajuizada com o objetivo de impugnar o art. 34 do Regulamento de Pessoal do Instituto de Desenvolvimento Econômico-Social do Pará (IDESP), sob o fundamento de ofensa ao princípio federativo, no que diz respeito à autonomia dos Estados e Municípios (art. 60, §4o , CF/88) e à vedação constitucional de vinculação do salário mínimo para qualquer fim (art. 7º, IV, CF/88). 2. Existência de ADI contra a Lei nº 9.882/99 não constitui óbice à continuidade do julgamento de arguição de descumprimento de preceito fundamental ajuizada perante o Supremo Tribunal Federal. 3. Admissão de amicus curiae mesmo após terem sido prestadas as informações 4. Norma impugnada que trata da remuneração do pessoal de autarquia estadual, vinculando o quadro de salários ao salário mínimo. 5. Cabimento da arguição de descumprimento de preceito fundamental (sob o prisma do art. 3º, V, da Lei nº 9.882/99) em virtude da existência de inúmeras decisões do Tribunal de Justiça do Pará em sentido manifestamente oposto à jurisprudência pacificada desta Corte quanto à vinculação de salários a múltiplos do salário mínimo. 6. Cabimento de arguição de descumprimento de preceito fundamental para solver controvérsia sobre legitimidade de lei ou ato normativo federal, estadual ou municipal, inclusive anterior à Constituição (norma pré-constitucional). 7. Requisito de admissibilidade implícito relativo à relevância do interesse público presente no caso. 8. Governador de Estado detém aptidão processual plena para propor ação direta (ADIMC 127/AL, Rel. Min. Celso de Mello, DJ 04.12.92), bem como arguição de descumprimento de preceito fundamental, constituindo-se verdadeira hipótese excepcional de *jus postulandi*. 9. ADPF configura modalidade de integração entre os modelos de perfil difuso e concentrado no Supremo Tribunal Federal. 10. Revogação da lei ou ato normativo não impede o exame da matéria em sede de ADPF, porque o que se postula nessa ação é a declaração de ilegitimidade ou de não-recepção

Destaca o professor Luis Roberto Barroso que a ADPF vem inserir-se no já complexo sistema brasileiro de controle de constitucionalidade sob o signo da singularidade, não sendo possível identificar proximidade imediata com outras figuras existentes no direito comparado[75].

A ADPF consiste em um instrumento típico do modelo concentrado de controle de constitucionalidade, permitindo a impugnação de lei ou ato normativo federal, estadual ou municipal de forma direta e, ainda, uma impugnação incidental de lei ou ato

---

da norma pela ordem constitucional superveniente. 11. Eventual cogitação sobre a inconstitucionalidade da norma impugnada em face da Constituição anterior, sob cujo império ela foi editada, não constitui óbice ao conhecimento da arguição de descumprimento de preceito fundamental, uma vez que nessa ação o que se persegue é a verificação da compatibilidade, ou não, da norma pré-constitucional com a ordem constitucional superveniente. 12. Caracterizada controvérsia relevante sobre a legitimidade do Decreto Estadual n° 4.307/86, que aprovou o Regulamento de Pessoal do IDESP (Resolução do Conselho Administrativo n° 8/86), ambos anteriores à Constituição, em face de preceitos fundamentais da Constituição (art. 60, §4°, I, c/c art. 7°, inciso IV, in fine, da Constituição Federal) revela-se cabível a ADPF. 13. Princípio da subsidiariedade (art. 4o ,§1o, da Lei no 9.882/99): inexistência de outro meio eficaz de sanar a lesão, compreendido no contexto da ordem constitucional global, como aquele apto a solver a controvérsia constitucional relevante de forma ampla, geral e imediata. 14. A existência de processos ordinários e recursos extraordinários não deve excluir, a priori, a utilização da arguição de descumprimento de preceito fundamental, em virtude da feição marcadamente objetiva dessa ação. 15. Arguição de descumprimento de preceito fundamental julgada procedente para declarar a ilegitimidade (não-recepção) do Regulamento de Pessoal do extinto IDESP em face do princípio federativo e da proibição de vinculação de salários a múltiplos do salário mínimo (art. 60, §4°, I, c/c art. 7°, inciso IV, in fine, da Constituição Federal)".
[74] BARROSO, 2009, p. 275.
[75] ibidem. p. 272.

normativo para solução de questão prejudicial perante a jurisdição ordinária.

A utilização incidental da ADPF é possível em decorrência do que se vê no art. 6º, § 1º, da Lei nº. 9.882/99, que assim dispõe:

> Art. 6º. § 1º Se entender necessário, poderá o relator ouvir **as partes nos processos que ensejaram a arguição**, requisitar informações adicionais, designar perito ou comissão de peritos para que emita parecer sobre a questão, ou ainda, fixar data para declarações, em audiência pública, de pessoas com experiência e autoridade na matéria (Nosso o grifo).

No entanto, a propositura da medida é bastante restrita, porquanto a legitimidade ativa foi conferida àqueles legitimados para a propositura da ADI, na forma do art. 2º, I, da Lei nº. 9.882/99. Assim, na ausência de mecanismo específico, poderá o cidadão representar ao Procurador-Geral da República. Este não está obrigado, porém a encaminhar o pedido formulado[76].

III.2.3.2.6. Representação Interventiva

A intervenção federal consiste em excepcional mecanismo de limitação da autonomia do Estado-membro para defesa da soberania nacional, do pacto federativo e dos princípios constitucionais sobre os quais se assenta o Estado Democrático de Direito (CRFB/88, art. 34)[77].

---

[76] MENDES, 2008, p. 1151.
[77] BARROSO, 2009, p. 303.

E, em princípio, a Constituição da República de 1988 confiou ao Presidente da República a verificação do pressuposto de grave comprometimento da ordem pública em determinado Estado-membro e a expedição do decreto de intervenção federal.

No entanto, nos casos de violação de princípios constitucionais sensíveis (art. 34, VII) e recusa à execução de lei federal, a intervenção da União nos Estados depende do provimento de representação do Procurador-Geral da República pelo Supremo Tribunal Federal (CRFB/88, art. 36).

Mantida, neste particular, a representação interventiva implantada pela Constituição de 1934, com as modificações introduzidas pela Constituição de 1946.

Contudo, em que pese designada representação, trata-se de verdadeira ação. Clèmerson Merlin Clève, citando Themístocles Brandão Cavalcanti, assegura que o poder de submeter ao julgamento do Supremo Tribunal Federal ato arguido de inconstitucionalidade representa o exercício de direito de ação, um modo de provocar o Judiciário para a solução de um conflito, de um litígio[78].

Cumpre salientar, também, que o objeto da ação não é a declaração de inconstitucionalidade do ato do Estado-membro, mas o provimento da representação para decretação da intervenção. Assim, a inconstitucionalidade da lei não é objeto da ação e nem questão prejudicial a ser apreciada. Em decorrência, a decisão final

---

[78] CLÈVE, 2000, p. 128.

não nulifica a lei, constitui, tão-somente, mecanismo de solução de controvérsia envolvendo a União e o Estado-membro, as partes do processo.

Enfim, ressalta Clèmerson Clève que a ação direta interventiva constituiu o instrumento pelo qual nosso país foi, paulatinamente, ingressando no território da fiscalização abstrata da constitucionalidade, no entanto, a ação direta de inconstitucionalidade, por mais abrangente, praticamente deixou a representação interventiva sem utilidade. A representação interventiva, no entanto, permite a impugnação de atos concretos e omissões, desde que violadores dos princípios sensíveis, enquanto a ação direta se presta exclusivamente para impugnar atos normativos[79].

III.2.3.3. Via Sui Generis de Controle de Constitucionalidade – Súmula Vinculante

Para encerrar o subtítulo que trata do controle de constitucionalidade em vigor, convém tecer breves considerações acerca do incremento trazido pela Emenda Constitucional n°. 45/2004[80]: o instituto da súmula vinculante.

---

[79] CLÈVE, 2000, p. 137-138.
[80] A EC n°. 45/2004 promoveu a chamada de reforma do Judiciário e, dentre outras alterações, introduziu o art. 103-A, na ordem constitucional. In verbis: "Art. 103-A. O Supremo Tribunal Federal poderá, de ofício ou por provocação, mediante decisão de dois terços dos seus membros, após reiteradas decisões sobre matéria constitucional, aprovar súmula que, a partir de sua publicação na imprensa oficial, terá efeito vinculante em relação

Trata-se de um instrumento por intermédio do qual o Supremo Tribunal Federal poderá vincular os demais órgãos do Poder Judiciário e a Administração Pública Direta e Indireta, nas esferas federal, estadual e municipal, às decisões definitivas de mérito reiteradamente proferidas em matéria constitucional. Tendo sido disciplinado pela Lei nº. 11.417/2006[81], que traçou o procedimento para edição, revisão e cancelamento dos enunciados.

Representa, pois, um passo decisivo na direção de um modelo de controle de constitucionalidade predominantemente concentrado e abstrato, vale dizer, as decisões proferidas no controle incidental da constitucionalidade, antes definitivas e válidas apenas

---

aos demais órgãos do Poder Judiciário e à administração pública direta e indireta, nas esferas federal, estadual e municipal, bem como proceder à sua revisão ou cancelamento, na forma estabelecida em lei. § 1º A súmula terá por objetivo a validade, a interpretação e a eficácia de normas determinadas, acerca das quais haja controvérsia atual entre órgãos judiciários ou entre esses e a administração pública que acarrete grave insegurança jurídica e relevante multiplicação de processos sobre questão idêntica. § 2º Sem prejuízo do que vier a ser estabelecido em lei, a aprovação, revisão ou cancelamento de súmula poderá ser provocada por aqueles que podem propor a ação direta de inconstitucionalidade. § 3º Do ato administrativo ou decisão judicial que contrariar a súmula aplicável ou que indevidamente a aplicar, caberá reclamação ao Supremo Tribunal Federal que, julgando-a procedente, anulará o ato administrativo ou cassará a decisão judicial reclamada, e determinará que outra seja proferida com ou sem a aplicação da súmula, conforme o caso".

[81]: "Lei 11.417/2006. Art. 2º O Supremo Tribunal Federal poderá, de ofício ou por provocação, após reiteradas decisões sobre matéria constitucional, editar enunciado de súmula que, a partir de sua publicação na imprensa oficial, terá efeito vinculante em relação aos demais órgãos do Poder Judiciário e à administração pública direta e indireta, nas esferas federal, estadual e municipal, bem como proceder à sua revisão ou cancelamento, na forma prevista nesta Lei".

para o caso concreto, adquirem eficácia *erga omnes* e vinculativa para os demais órgãos judiciários e da Administração Pública, se assim resolverem os ministros do Supremo Tribunal.

Sob o ponto de vista formal, exige-se para edição de enunciado aprovação de pelo menos dois terços[82] dos Ministros do Supremo Tribunal Federal, em sessão plenária. Faz-se, ainda, necessária a participação do Procurador-Geral da República[83], podendo ser admitida a manifestação de terceiros[84]. Além disso, a Lei nº. 11.417/06 prevê um amplo rol de legitimados ativos para pleitear aprovação, revisão ou cancelamento de verbete de súmula vinculante[85].

---

[82] "Lei 11.417/2006. Art. 2º. § 3º A edição, a revisão e o cancelamento de enunciado de súmula com efeito vinculante dependerão de decisão tomada por 2/3 (dois terços) dos membros do Supremo Tribunal Federal, em sessão plenária".
[83] "Lei 11.417/2006. Art. 2º. § 2º O Procurador-Geral da República, nas propostas que não houver formulado, manifestar-se-á previamente à edição, revisão ou cancelamento de enunciado de súmula vinculante".
[84] "Lei 11.417/2006. Art. 3º. § 2º No procedimento de edição, revisão ou cancelamento de enunciado da súmula vinculante, o relator poderá admitir, por decisão irrecorrível, a manifestação de terceiros na questão, nos termos do Regimento Interno do Supremo Tribunal Federal".
[85] "Lei 11.417/2006. Art. 3º São legitimados a propor a edição, a revisão ou o cancelamento de enunciado de súmula vinculante: I - o Presidente da República; II - a Mesa do Senado Federal; III – a Mesa da Câmara dos Deputados; IV – o Procurador-Geral da República; V - o Conselho Federal da Ordem dos Advogados do Brasil; VI - o Defensor Público-Geral da União; VII – partido político com representação no Congresso Nacional; VIII – confederação sindical ou entidade de classe de âmbito nacional; IX – a Mesa de Assembleia Legislativa ou da Câmara Legislativa do Distrito Federal; X - o Governador de Estado ou do Distrito Federal; XI - os Tribunais Superiores, os Tribunais de Justiça de Estados ou do Distrito Federal e Territórios, os Tribunais Regionais Federais, os

Não obstante toda sorte de críticas que se lançaram acerca deste instituto, o momento em que se adotou a súmula fora mais que oportuno para tentar diminuir o tempo de espera pela jurisdição, porquanto a existência de julgamentos uniformes com base em súmula vinculante permitirá considerável agilidade no percurso que leva um processo até a sua decisão final. Com efeito, o instrumento autoriza o Supremo Tribunal Federal promover, de forma concentrada, o controle de constitucionalidade de questões idênticas que lhe chegariam à apreciação, aos milhares, através de recurso extraordinário.

Cumpre salientar, por oportuno, que o poder reformador, bem assim o Poder Legislativo, não tiveram seu *mister* atingido pela eficácia vinculativa dos verbetes aprovados pelo Supremo Tribunal Federal. Este fato, por sua vez, possibilita aprovação de emenda superadora de entendimento do E. STF e, ainda, a alteração da própria legislação que trata da súmula vinculante, tanto o art. 103-A, da CRFB/88 quanto a Lei nº. 11.417/2006.

Tribunais Regionais do Trabalho, os Tribunais Regionais Eleitorais e os Tribunais Militares. § 1º O Município poderá propor, incidentalmente ao curso de processo em que seja parte, a edição, a revisão ou o cancelamento de enunciado de súmula vinculante, o que não autoriza a suspensão do processo".

IV. A LEGITIMIDADE DEMOCRÁTICA DA JURISDIÇÃO CONSTITUCIONAL NO BRASIL

O controle jurisdicional de constitucionalidade guarda funda controvérsia doutrinária desde sua origem, sendo frequentemente alvo de críticas relacionadas a uma suposta feição antidemocrática.

A jurisdição constitucional é acusada de antidemocrática por ser exercida por juízes que não são eleitos pelo povo e por impor restrições à vontade da maioria, tradicionalmente identificada na maioria parlamentar.

Ocorre que a concepção de democracia representativa se encontra superada pela noção de supremacia da Constituição e pela evolução do direito de participação política. A ideia de democracia como vontade da maioria parlamentar foi sufragada pela noção de supremacia da Constituição. Por outro lado, a evolução do direito de participação política tornou claro que a representação não é condição suficiente para a realização da democracia. A abertura de novos canais de participação do povo nas decisões tomadas pelo Estado acentua a nova feição do regime democrático.

A nova concepção de democracia participativa, que se sustenta na maior participação e no maior controle dos cidadãos sobre as decisões estatais, dá uma nova feição à questão da legitimidade do controle jurisdicional de constitucionalidade.

IV.1. DEMOCRACIA CONCEITUAL

Democracia é uma palavra de origem grega que possui raízes nos termos *demos* e *kratos*, aos quais são frequentemente atribuídas as noções de "povo" e "poder/governo", respectivamente. No entanto, o conceito de "poder/governo do povo" não passa de uma tradução ao pé da letra que apenas simula um conceito preciso[86].

O termo, na verdade, não comporta uma semântica universal[87]. A partir de uma relação linguagem–mundo não se pode estabelecer um sentido, uma referência, ou uma verdade universalmente aceita a respeito da democracia. Qualquer tentativa de conceituação é preenchida por múltiplos significados e significâncias, pois todo ensaio que lhe doa um conceito parte necessariamente de uma compreensão política, situando-o no contexto histórico social em que se realiza a experiência democrática.

Exatamente por isso, Georges Burdeau afirmou que o significado amplo de democracia provém, não tanto do que ela é efetivamente, mas da ideia que se formam os homens a respeito dela[88].

Uma minuciosa revisão histórica e dogmática da democracia, apesar de interessante, ultrapassa o objetivo do presente trabalho,

---

[86] SARTORI, 1994, p.23.
[87] Jorge Alejandro Amaya, por exemplo, assegura que democracia é um conceito multívoco, uma das palavras mais amplas da linguagem política (AMAYA, 2012, p. 31).
[88] BURDEAU, 1959, 293.

que tratará apenas da noção contemporânea dessa forma de governo e de sua relação com a jurisdição constitucional.

IV.2. O ATUAL SIGNIFICADO DE DEMOCRACIA

IV.2.1. A Superação da Ideia de Democracia Como Regime da Maioria e Como Regime Fundado na Representação Política

A revolução burguesa iniciada no século XVII contra o Estado absolutista não apenas suplantou a monarquia e a nobreza do controle político, como afirmou um novo modelo de organização política centrado na afirmação de valores inerentes às liberdades individuais, revelados pelos direitos civis e políticos, em oposição ao arbitrário exercício do poder político pelo monarca, bem como na sua estruturação em favor da proteção desses mesmos valores.

Constituições surgiram, neste momento, em decorrência da necessidade imperativa de assegurar a nova estrutura das sociedades, baseada na afirmação de direitos individuais e na imposição de limites ao poder absoluto.

A limitação jurídico-legal dos poderes do soberano não significava apenas freio à discricionariedade do governante, mas também a possibilidade de compor as decisões de Estado, sendo facultado o controle mútuo entre os poderes instituídos ou a partir da deliberação dos cidadãos.

Nascida no bojo das revoluções liberais dos séculos XVII e XVIII, a representação política serviu para afirmar um modelo de democracia meramente procedimental, garantindo a preservação das liberdades individuais.

Limitar a democracia à regra da maioria, no entanto, é um risco. Afinal, as decisões derivadas desse procedimento podem minar as regras fundamentais inscritas na própria Carta Constitucional, que representa soberanamente a vontade popular. A atuação dos órgãos estatais deve encontrar na Constituição seus próprios limites. Não basta que seja alcançada a maioria de votos se a decisão não está em conformidade com a Carta Maior. É o que nota Oscar Vilhena Vieira:

> os resultados da regra da maioria devem passar por um teste de constitucionalidade para que não ameacem os direitos fundamentais, os mecanismos que asseguram estes direitos, bem como os próprios procedimentos que viabilizam a continuidade da democracia. [89]

No mesmo sentido, ao tratar do sistema norte-americano, afirma Ronald Dworkin:

> A teoria constitucional em que se baseia nosso governo não é uma simples teoria da supremacia das maiorias. A Constituição, e particularmente a *Bill of Rights* (Declaração de Direitos e Garantias), destina-se a proteger os cidadãos (ou grupos de cidadãos) contra certas decisões que a maioria pode querer tomar, mesmo quando essa maioria age visando o que considera ser o interesse geral ou comum. [90]

---

[89] VIEIRA, 2002, p. 26.
[90] DWORKIN, 2002. p. 208-209.

Até o século XVIII, governo democrático significava governo diretamente dirigido pelo povo, que se reunia em assembleias para deliberar os rumos da política daquela localidade. A democracia se restringia, assim, às pequenas unidades, como as cidades. Democracia teria que ser aquela exercida pelas assembleias populares.[91]

Essa visão foi superada pela noção de Estado-Nação. A perspectiva das pequenas unidades foi substituída por uma escala maior, a dos países, e neste contexto surge a necessidade de adaptação do regime democrático. Nas palavras de Robert A. Dahl:

> Conforme o foco do governo democrático mudava para unidades em escala, como nações ou países, surgiam questões: como os cidadãos podem participar efetivamente quando o número de pessoas se tornar exageradamente grande ou geograficamente muito disperso (ou ambos, o que pode acontecer num país) para que possam participar de maneira conveniente na feitura de leis, reunindo-se em um único lugar?[92]

Por isso, conclui o autor, a única solução viável, embora bastante imperfeita, consistiu na escolha pelos cidadãos dos funcionários mais importantes, mantendo-os mais ou menos responsáveis por meio das eleições, descartando-os nas eleições seguintes.

No modelo de Estado contemporâneo, a eleição de representantes políticos mostra-se como um dos instrumentos de

---

[91] DAHL, 2001, p. 107.
[92] DAHL, 2001, pp. 106-107.

participação política dos cidadãos. Pela sistemática da representação, as decisões estatais são tomadas pelos representantes em nome do povo. Existe para possibilitar aos cidadãos conformar a política do governo com as decisões que seriam tomadas pela própria sociedade se estivesse encarregada desta tarefa.

Contudo, não se pode entender que a representação política seja condição suficiente para a realização da democracia. Segundo Clèmerson Merlin Clève:

> A questão da democracia não pode ser posta apenas em termos de representatividade. Não há dúvida que em Estados como os modernos não há lugar para a prescindibilidade de representação política. Os Estados modernos, quando democráticos, reclamam pela técnica da representação popular. A nação, detentora da vontade geral, fala pela voz de seus representantes eleitos. Mas a cidadania não se resume na possibilidade de manifestar-se, periodicamente, por meio de eleições para o Legislativo e para o Executivo. A cidadania vem exigindo a reformulação do conceito de democracia, racionalizando, até, uma tendência que vem de longa data. Tendência endereçada à adoção de técnicas diretas de participação democrática. Vivemos, hoje, um momento em que se procura somar a técnica necessária da democracia representativa com as vantagens oferecidas pela democracia direta. Abre-se espaço, então, para o cidadão atuar, direta e indiretamente, no território estatal.[93]

---

[93] CLÈVE, 1993, pp. 16-17.

Embora a representação seja condição necessária para o funcionamento dos Estados contemporâneos, a implantação da democracia tem exigido, cada vez mais, novas formas de participação. Com isso, nota-se que a realização da democracia vai além da mera escolha de representantes.

IV.2.1.1 A Democracia Participativa ou Semidireta Como Parâmetro

Robert A. Dahl afirma que grande parte da confusão que rodeia o estudo da democracia decorre do fato de que a mesma se refere ao mesmo tempo a um ideal e a uma realidade[94].

O autor estabelece uma importante diferenciação entre o ideal e o real, entre o que se deve fazer e o que se pode fazer. Ao perquirir sobre uma democracia ideal, afirma que devem ser buscadas as respostas a estas duas questões: o que é democracia? Por que a democracia seria o melhor sistema político? As respostas a estes questionamentos, ressalta, decorrem de julgamentos de valor ou julgamentos morais. Por outro lado, ao se ater ao plano da realidade indaga: que instituições políticas a democracia exige? Que condições favorecem a democracia? Neste caso, as escolhas consistem em julgamentos práticos ou empíricos.[95]

Em geral, os teóricos da ciência política distinguem três modalidades básicas de democracia: a democracia direta, indireta e

---

[94] DAHL, 2001, p. 37.
[95] DAHL, 2001, p. 39-40.

semidireta[96]. De acordo com José Adércio Leite Sampaio, a teoria da democracia semidireta é defendida por autores que passaram a assimilar elementos da democracia direta nos debates rejuvenescedores da democracia indireta (representativa)[97].

A noção de democracia participativa aqui referida equivale à concepção da democracia semidireta que, embora seja caracterizada pelo sistema representativo, possibilita a participação popular nos processos decisórios pela via direta em determinados casos.

Parte-se do conceito de democracia participativa, que, segundo Paulo Bonavides, configura o chamado Estado democrático-participativo:

> Com o Estado democrático-participativo o povo organizado e soberano é o próprio Estado, é a democracia no poder, é a legitimidade na lei, a cidadania no governo, a Constituição aberta no espaço das instituições concretizando os princípios superiores da ordem normativa e da obediência fundada no contrato social e no legítimo exercício da autoridade. [98]

A participação política consiste no elemento central da democracia semidireta. Para Diogo de Figueiredo Moreira Neto, participação é uma forma ativa de integração de um indivíduo a um grupo[99]. A participação política, por sua vez, é a que se refere à ação dos indivíduos e dos grupos sociais secundários nos processos

---

[96] BONAVIDES, 2003A, p. 268.
[97] SAMPAIO, 2003, p. 789.
[98] BONAVIDES, 2003B, p. 20.
[99] MOREIRA NETO, 1992, p. 18.

decisórios do Estado; distinguindo-se da participação antropológica, relacionada à integração do homem na sua comunidade, e da participação sociológica, referente à integração do indivíduo na sociedade.

A escolha da democracia semidireta como parâmetro orientador do presente estudo decorre do reconhecimento da insuficiência da representação política na realização da democracia. A substituição da democracia parcial — que, em regra, possibilita a participação apenas na escolha dos representantes — por uma democracia plena[100] — com a abertura de diversos outros canais de participação popular — evidencia uma lenta e gradual evolução do pensamento político.

IV.2.1.2 Da Democracia Representativa à Democracia Participativa

A necessidade de aprimoramento da democracia e a evidente superação da participação como atividade adstrita à atividade legislativa e à escolha de representantes exigiram novas modalidades de participação política. Sob este aspecto, pode-se afirmar que a democracia participativa surgiu como contraponto à democracia representativa.

A ideia de representação política remonta ao Estado liberal. Embora a questão principal a ser solucionada pelo liberalismo esteja relacionada à limitação do poder monárquico, representando apenas

---

[100] MOREIRA NETO, 1992, pp. 27-28.

uma resposta à forma intervencionista de exercício das funções do Estado, é com a exaltação da liberdade, típica do Estado liberal, que se propicia a participação popular nas decisões estatais.

Nota-se que a possibilidade de decidir, ou de eleger aqueles que decidirão em nome de todos, está alicerçada na liberdade de opinião, de expressão, de reunião, de associação etc. O reconhecimento dos direitos políticos do cidadão é, antes de tudo, fundado na ideia de liberdade.

Na visão de Paulo Bonavides, o Estado liberal possibilitou a construção do princípio democrático: Da liberdade do Homem perante o Estado, a saber, da idade do liberalismo, avança-se para a ideia mais democrática da participação total e indiscriminada desse mesmo Homem na formação da vontade estatal[101].

A ideia de liberdade política, desenvolvida no seio do Estado liberal, culminou na participação indireta dos cidadãos na formação da vontade do Estado. Fundada na técnica da representação, a democracia dita liberal tornou possível a alienação da soberania popular a uns poucos indivíduos eleitos.

Nesse contexto, assumem relevo os partidos políticos. Na democracia representativa liberal os principais atores do cenário político eram os partidos, que deveriam refletir os anseios populares e, assim, direcionar as decisões políticas do Estado.

Assim, a democracia passa a se identificar com a regra da maioria. Passa, também, a se basear na ideia de representação

---

[101] BONAVIDES, 2001. p. 43.

política, nos moldes definidos pela teoria de Montesquieu[102], segundo a qual o povo sabe escolher, mas não governar.

Acontece que a liberdade individual assegurada pelo liberalismo, livre da intervenção estatal, não se mostrou apta a solucionar os problemas socioeconômicos surgidos nos séculos XIX e XX. O sistema é forçado a se adaptar às novas exigências de redução das desigualdades, de justiça social, de participação ampla e efetiva nos processos decisórios etc. O governo que, na época da democracia liberal se limitava a regular a prática das liberdades individuais e políticas, se vê obrigado a sair da passividade e intervir nas esferas econômica e social. Além dos direitos individuais e políticos, são reivindicados direitos sociais e econômicos para a satisfação e o pleno desenvolvimento da esfera de liberdade do cidadão.

Exige-se, então, uma participação ativa do Estado na promoção do bem comum. As liberdades garantidas formalmente nas constituições passam a ser exigidas efetivamente, implicando assim na necessária intervenção estatal para assegurar as condições materiais de realização desses direitos.

A partir desse contexto, a participação na vida política passa a ser cada vez mais reivindicada. Além de serem asseguradas condições para o exercício real das liberdades, inclusive políticas, passa a se exigir um maior controle sobre os atos praticados pelos representantes do povo. Na visão de Diogo de Figueiredo Moreira

---

[102] MONTESQUIEU, 1993.

Neto, é justamente a hipertrofia do Estado que tem suscitado a necessidade de aprimoramento da democracia por meio da ampliação da participação popular:

> A própria hipertrofia do Estado e o surgimento de novos estamentos sociais estatais, como a burocracia e a tecnocracia, a primeira, marca do aparecimento do próprio Estado concentrador e, a segunda, do Estado interventivo e planejador, estão distanciando os indivíduos e os grupos sociais secundários da decisão que lhes dizem respeito.[103]

A consciência do distanciamento entre a sociedade e as instâncias de decisão, segundo o autor, tem provocado o crescente interesse em aperfeiçoar os métodos de participação existentes em instituir novos, capazes de revertê-lo.

Observa-se, assim, uma passagem dos modelos de Estado marcada pela superação do individualismo, com o fortalecimento das coletividades. O indivíduo deixa de ser considerado isoladamente e passa a ser reconhecido como integrante de grupos sociais e políticos, surgindo, assim, novos atores no cenário político, o que favorece também a participação política da sociedade, agora organizada em grupos.

Além dos partidos políticos, vão sendo criados grupos de pressão igualmente aptos a traduzir os interesses daquelas determinadas coletividades. Os denominados grupos de pressão, reconhecidos atualmente no papel exercido pela imprensa, pelos

---

[103] MOREIRA NETO, 1992, p. 19.

grupos anônimos ou institucionais (sindicatos, associações), emergem justamente em face da insuficiência de instrumentos eficazes de participação política da sociedade.

A democracia liberal tida como democracia governada passa, então, à condição de democracia governante. Ao mesmo tempo, altera-se também a concepção de liberdade: a liberdade, na perspectiva do liberalismo, consistia em instrumento de oposição, de restrição ao poder do Estado; era a liberdade-resistência ou liberdade- autonomia conferida ao indivíduo. Aos poucos, com a crescente exigência de integração do indivíduo na organização política, a liberdade assume nova conformação, transforma-se em liberdade-participação, que passa a atingir todas as atividades do Estado, multiplicando-se as modalidades de participação administrativa e de controle da função jurisdicional e legislativa.[104]

IV.2.2. Democracia Participativa e Direitos Fundamentais

No entanto, a democracia não é apenas um método de eleger ou designar quem deverá exercer o poder, mas é também uma questão de como esse poder deverá ser exercido[105], como bem ressalta por Jean Rivero, citado por Diogo de Fiqueiredo Moreira Neto.

Na democracia participativa, a forma de exercício do poder extrapola a limitada participação pela eleição de alguns

---

[104] BONAVIDES, 2001, p. 154.
[105] MOREIRA NETO, 1992, p. 19.

representantes e passa, efetivamente, a reconhecer a encarnação da soberania pelo povo. Conforme Paulo Bonavides:

> Na clássica democracia representativa o povo simplesmente adjetivava a soberania, sendo soberano apenas na exterioridade e na aparência, na forma e na designação; já com a democracia participativa, aqui evangelizada, tudo muda de figura: o povo passa a ser substantivo, e o é por significar a encarnação da soberania mesma em sua essência e eficácia, em sua titularidade e exercício, em sua materialidade e conteúdo, e, acima de tudo, em sua intangibilidade e inalienabilidade; soberania da qual o povo, agora, não conhece senão o nome, a falsa representatividade, o falso testemunho, a falsa valorização.[106]

Assim, não se pode deixar de interpretar o modelo democrático-participativo também no quadro da evolução dos direitos e das liberdades fundamentais. Para Paulo Bonavides, a democracia insere-se entre os direitos de quarta dimensão, ao lado do direito à informação e do direito ao pluralismo[107]. E é justamente a democracia que constitui o ápice da pirâmide cuja infraestrutura é formada pelos direitos de primeira dimensão, os direitos individuais, os direitos de segunda dimensão, os direitos sociais e os direitos de terceira dimensão, os direitos ao desenvolvimento, ao meio ambiente, à paz e à fraternidade.

A nova cidadania que se inaugura propõe a conciliação entre o ideal da liberdade com o da igualdade, como síntese dos modelos

---

[106] BONAVIDES, 2003B, p. 44.
[107] BONAVIDES, 2003C, pp. 571-572.

do Estado liberal e social. Possibilita a limitação e a contenção do poder do Estado, além de permitir a ampliação do número de participantes no processo de interpretação constitucional.

Nessa perspectiva, a democracia participativa mostra-se intimamente relacionada à concretização dos direitos e liberdades fundamentais que foram sendo reconhecidos ao longo da evolução do Estado e do Direito.

Esse é o modelo de democracia que veio para ficar. Apesar das inúmeras dificuldades existentes, o autor afirma que uma sociedade mais equânime e mais humana exige um sistema de maior participação política.

IV.2.3. Legitimidade e Participação

Levando em conta a relação entre legitimidade e participação no processo de decisão estatal, Diogo de Figueiredo Moreira Neto[108] distingue legitimidade originária, legitimidade corrente e legitimidade finalística.

A legitimidade originária pauta-se pelo modo de investidura dos detentores do poder, decorre da presunção de que são eles os adequados representantes do grupo, de que são os condutores de seus interesses. No caso das instituições, a legitimidade originária decorre da confiança nas tradições políticas.

---

[108] MOREIRA NETO, 1992, pp. 24-27.

A legitimidade corrente, por sua vez, é a legitimidade aferida continuamente. A legitimidade corrente é uma qualidade do exercício do poder[109]. Segundo Diogo de Figueiredo Moreira Neto, é possível que um representante originariamente legítimo exerça sua função de forma ilegítima; assim como é possível que um governante originariamente ilegítimo conquiste a legitimidade corrente se o exercício do poder coincidir com os anseios do grupo.

Por fim, a legitimidade finalística refere-se ao resultado ou à destinação do exercício do poder. Enquanto ligada ao resultado, a legitimidade será aferida pelas tarefas concretizadas, pelo desempenho do detentor do poder; e enquanto ligada à destinação, a legitimidade depende dos desejos futuros daquele grupo.

De forma semelhante, ao tratar especificamente da legitimidade da jurisdição constitucional, fica evidenciada pelo mestre Paulo Bonavides a necessidade de ser estabelecida a distinção entre a legitimidade da jurisdição constitucional e a legitimidade no exercício dessa jurisdição. Segundo o autor: A primeira é matéria institucional, estática, a segunda, axiológica e dinâmica; aquela inculca a adequação da defesa da ordem constitucional, esta oscila entre o direito e a política [110].

Essa ordem de ideias permite concluir que a questão da legitimidade da jurisdição constitucional, assim como das demais formas de manifestação do poder do Estado, não deve ser aferida apenas sob um único aspecto, geralmente ligado à forma de

---

[109] MOREIRA NETO, 1992, p. 26.
[110] BONAVIDES, 2003B, p. 318.

investidura dos membros do poder. A justificação da competência dos órgãos jurisdicionais, em especial no controle de constitucionalidade, deve ser investigada também na dinâmica do exercício dessa função.

IV.3. A LEGITIMIDADE DEMOCRÁTICA DA JURISDIÇÃO CONSTITUCIONAL BRASILEIRA

IV.3.1. O Judiciário Brasileiro e a Defesa da Constituição

A história do controle de constitucionalidade brasileiro acompanhou o desenvolvimento da jurisdição constitucional. Partiu da completa ausência de controle jurisdicional durante a vigência da Carta do Império de 1824, passando ao sistema difuso de controle de constitucionalidade a partir de 1891, sendo, aos poucos, criados novos instrumentos até chegar ao modelo híbrido atual, que concilia a fiscalização difusa e concentrada das leis e dos atos normativos, consagrado na Constituição de 1988.

As alterações introduzidas pela Constituição de 1988 revelam-se de grande importância não só para o fortalecimento do controle jurisdicional da constitucionalidade, mas também como forma de assegurar os postulados inerentes ao estado democrático de direito. A ampliação do acesso à justiça — evidenciada pelo fim do monopólio do Procurador Geral da República e pela criação de inúmeros instrumentos processuais, como o mandado de injunção, a ação direta de inconstitucionalidade por omissão, a arguição de descumprimento de preceito fundamental dentre outros — teve papel decisivo em tal processo.

Num panorama geral, fica evidenciada a nítida proposta de fortalecimento da função jurisdicional de defesa da Constituição. A crescente importância assumida pelo Judiciário decorre de desconfiança em relação ao Legislativo, ante a experiência brasileira de um legislador arbitrário, autoritário, que, mediante leis e atos institucionais, desconheceu a noção de estado constitucional e democrático.

A promulgação da nova Carta Constitucional implicou na alteração da maneira de conceber o Estado e o Direito, transformando, consequentemente, o perfil do Judiciário. Essa nova concepção do Estado e do Direito pode ser analisada pelo menos sob dois aspectos: quanto à dimensão ideológica e quanto ao seu valor normativo. Do ponto de vista ideológico, ao fixar os objetivos, as finalidades e os fundamentos da República Federativa do Brasil, a Carta de 1988 proclamou um sistema de valores a serem realizados pelos poderes públicos, inclusive pelo Judiciário. Ao prever como objetivos do Estado a construção de uma sociedade livre, justa e solidária, assim como ao estabelecer como fundamento do Estado a soberania, a cidadania e a dignidade da pessoa humana, a Constituição impõe ao Judiciário, assim como aos demais poderes públicos, a tarefa de assegurar estes princípios.

Por outro lado, além do conteúdo valorativo, a preocupação do constituinte com a força normativa dos seus preceitos impôs ao Judiciário uma nova postura. O caráter normativo, isto é, a força vinculante da Constituição, atribuiu aos órgãos jurisdicionais a tarefa de assegurar a concretização dos preceitos que integram a lei fundamental.

Na Constituição de 1988, o reconhecimento de sua força normativa é evidenciado por inúmeros dispositivos. Além da previsão de fiscalização das leis e atos normativos, a Constituição inseriu no sistema brasileiro o mandado de injunção e a ação direta de inconstitucionalidade por omissão, que inovaram permitindo o controle sobre os atos omissivos do poder público.

Nesse passo, observa-se paralelamente que também o Supremo Tribunal Federal, a partir de 1988, vem assumindo um papel central no sistema político. Embora não tenha sido acolhida a proposta de criação de um Tribunal Constitucional desvinculado da estrutura do Judiciário, com as alterações constitucionais, o Supremo Tribunal Federal conquistou uma nova posição. Nesse sentido, Oscar Vilhena Vieira:

> As mudanças na esfera da jurisdição constitucional impostas pela Constituição de 1988 tiveram um forte impacto sobre o papel do Supremo Tribunal Federal no sistema político brasileiro. A ampliação do acesso, o estabelecimento de novas competências, somada à própria extensão do direito constitucional sobre campos antes reservados ao direito ordinário, transformaram o Supremo Tribunal Federal numa importante e cada vez mais demandada arena de solução de conflitos políticos, colocando-o numa posição central em nosso sistema constitucional.[111]

---

[111] VIEIRA, 2002, p. 217.

A Constituição de 1988 definiu o novo perfil do Judiciário, acentuando o papel de corte constitucional do Supremo Tribunal Federal e criando o Superior Tribunal de Justiça ao qual foram transferidas algumas atribuições, como a uniformização da interpretação do direito infraconstitucional.

A nova feição do Judiciário — que se desvincula da submissão cega à lei e assume a posição de garante da Constituição, protegendo-a contra atos violadores e concretizando seu conteúdo axiológico — provoca mais questionamentos acerca da legitimidade democrática do controle jurisdicional de constitucionalidade.

IV.3.2. Inovações da Constituição da República de 1988 e da Legislação Infraconstitucional

A Constituição de 1988 inaugura um novo estágio na história do controle de constitucionalidade brasileiro, promovendo um sensível aperfeiçoamento do sistema anterior. Além do texto original de 05 de outubro de 1988, o controle de constitucionalidade no Brasil sofreu reformas com o advento da Emenda Constitucional n.º 03/1993 e das Leis n.º 9.868 e 9.882, ambas publicadas em 1999.

Nesse sentido, resume Clèmerson Merlin Clève:

> Com a Constituição de 1988, o sistema brasileiro (combinação do modelo difuso-incidental com o concentrado-principal) de fiscalização da constitucionalidade foi aperfeiçoado. Com efeito, (i) ampliou-se a legitimação ativa para a propositura da ação direta de

inconstitucionalidade (antiga representação); (ii) admitiu-se a instituição pelos Estados-membros, de ação direta para declaração de inconstitucionalidade de ato normativo estadual ou municipal em face da Constituição Estadual (art. 125, §2°); (iii) instituiu-se a ação direta de inconstitucionalidade por omissão (art. 102, §2°) e o mandado de injunção (art. 102, I, "q", quando de competência do STF); (iv) exigiu-se a citação do Advogado-Geral da União que, nas ações diretas, deverá defender o ato impugnado (art. 103, §3°); (v) exigiu-se, ademais, a manifestação do Procurador-Geral da República em todas ações de inconstitucionalidade, bem como nos demais processos de competência do Supremo Tribunal Federal (art. 103, §1°); (vi) não atribuiu ao Supremo Tribunal Federal competência para julgar representação para fins de interpretação, instrumento que foi, portanto, suprimido pela nova Lei Fundamental; (vii) previu a criação de um mecanismo de arguição de descumprimento de preceito fundamental decorrente da Constituição (art. 102, pra. Único) que não foi, ainda, regulamentado e, finalmente, (viii) alterou o recurso extraordinário, que passou a ter feição unicamente constitucional (art. 102, III)[112].

Além dessas inúmeras e relevantes alterações, no ano de 1993, a Emenda Constitucional n.º 03 introduziu no ordenamento novo instrumento de controle: a ação declaratória de constitucionalidade. A ação tem por objetivo exterminar a controvérsia sobre a constitucionalidade de lei ou ato normativo federal. As decisões de competência do Supremo Tribunal Federal, nesse caso, produzem efeitos erga omnes e vinculante relativamente

---

[112] CLÈVE, 2000, p. 90.

aos demais órgãos do Poder Judiciário e ao Poder Executivo, como estabelecido no artigo 102, §2.º, que foi acrescentado ao texto original da Constituição.

Posteriormente, com a publicação da Lei n.º 9.868/99, foram inseridas novas regras sobre o processo e julgamento das ações direta de inconstitucionalidade e declaratória de constitucionalidade e, com a Lei n.º 9.882/99, foi regulamentado o processo e julgamento da arguição de descumprimento de preceito fundamental.

A edição dos referidos diplomas normativos, ressalte-se, confirma a tendência pelo controle concentrado de constitucionalidade.

Aliás, antes mesmo da promulgação da Constituição de 1988, a doutrina já havia detectado essa tendência, conforme observações de José Afonso da Silva, em artigo publicado no ano de 1985:

> Há atualmente um intenso movimento científico em torno da jurisdição constitucional, mormente na América Latina, buscando novos rumos no sentido de reformular o sistema existente, numa tendência muito nítida, inclusive entre nós, como já assinalado, para o sistema de controle concentrado, que pressupõe o encaminhamento da questão da criação de Cortes Constitucionais, por entender que elas exercem hoje um papel de verdadeiro equilíbrio entre os demais poderes, uma espécie de poder moderador, atualizado e sem predomínio[113].

---

[113] SILVA, 1985, p. 520.

IV.3.3. Pluralismo e Participação das Minorias

Com a Constituição de 1988, a democracia participativa e o pluralismo assumem a condição de fundamentos do Estado brasileiro. O texto constitucional, já em seu preâmbulo, trata da sociedade brasileira como uma sociedade fraterna, pluralista e sem preconceitos. Em seu artigo primeiro, dispõe que a República Federativa do Brasil constitui-se em Estado Democrático de Direito, fundado na cidadania e no pluralismo político, dentre outros princípios. Estabelece, ainda, no parágrafo único que: *"Todo o poder emana do povo, que o exerce por meio de representantes eleitos, ou diretamente, nos termos desta Constituição"*.

Além disso, o Poder Constituinte cuidou de regular no artigo 12 o exercício da soberania popular, mediante o voto direto e secreto, com valor igual para todos, e por meio da participação em plebiscito, referendo e iniciativa popular. Inseriu também outros instrumentos de participação, em especial na provocação do exercício da função jurisdicional, como o mandado de segurança coletivo e a ação popular, regulados no artigo 5º, inciso LXX, "b" e inciso LXXIII, respectivamente.

No caso específico do controle abstrato de constitucionalidade, a cargo do Supremo Tribunal Federal, ampliou o rol de legitimados ativos para propositura da ação direta de inconstitucionalidade, possibilitando a iniciativa não só ao Procurador Geral da República, mas também ao Presidente da República, à Mesa do Senado Federal, à Mesa da Câmara dos

Deputados, à Mesa da Assembleia Legislativa, ao Governador do Estado, ao Conselho Federal da Ordem dos Advogados do Brasil, aos partidos políticos com representação no Congresso Nacional, às confederações sindicais ou às entidades de classe de âmbito nacional.

A ampliação do rol de legitimados termina com as controvérsias sobre o monopólio do Procurador Geral da República existente desde 1965. Na análise crítica de Oscar Vilhena Vieira, a ampliação na esfera dos atores legitimados a provocar o Supremo, por via de ação direta, é um grande avanço em relação à situação de monopólio concentrada no sistema anterior.

Para o autor, o funcionamento do sistema constitucional democrático exige não apenas um controle vertical do poder, mas também um controle horizontal, entre os diversos setores e grupos que ocupam o poder. Diante de tal constatação, assevera:

> Essa estrutura inscrita no art. 103 da Constituição passou a permitir, além do controle entre Executivo e Legislativo, também um maior controle dentro do próprio Parlamento, ao legitimar as Mesas do Senado e da Câmara para a propositura da ação de inconstitucionalidade [...].
> A garantia do pluralismo pelo sistema de controle adotado pelo texto de 1988 foi confirmada pela legitimação concedida aos partidos políticos com representação no Congresso, à Ordem dos Advogados do Brasil e às confederações sindicais e entidades de classe de âmbito nacional, de recorrerem ao Supremo, pela via de ação direta.[114]

---

[114] VIEIRA, 2002, p. 139.

A extensão da legitimidade de provocação do Supremo Tribunal Federal a exercer o controle abstrato de constitucionalidade permite a participação de variados grupos no processo decisório da justiça constitucional, bem como a ampliação da competência do Supremo.

Frise-se que o reconhecimento da legitimidade ativa da Mesa do Senado Federal, da Mesa da Câmara dos Deputados e da Mesa de Assembleia Legislativa implica no reconhecimento do direito das maiorias parlamentares deflagrarem o processo de controle abstrato de constitucionalidade — já que a direção de cada Casa legislativa é eleita pela maioria dos parlamentares. No entanto, com a ampliação da legitimidade da propositura da ação direta de inconstitucionalidade aos partidos políticos com representação no Congresso Nacional, a Constituição de 1988 assegurou também à minoria parlamentar o direito de suscitar a inconstitucionalidade de lei ou ato normativo, ou a omissão de medida para tornar efetiva norma constitucional, perante o órgão jurisdicional competente. A outorga do direito de propositura da ação direta aos partidos políticos com representação no Congresso Nacional permite que um partido com pequena representação no Legislativo — como um partido com apenas um representante em uma das Casas do Congresso — dê início ao processo de controle concentrado de constitucionalidade.[115]

Além disso, no que concerne ao controle concreto de constitucionalidade, é possível vislumbrar no mandado de injunção

---

[115] MENDES, 1999, p. 133-134.

coletivo mais um instrumento de expressão de certas categorias de indivíduos sem representação.

A respeito da legitimidade ativa para impetração de mandado de injunção, o Supremo Tribunal Federal reconheceu o direito de propositura a partido político com representação no Congresso Nacional, organização sindical, entidade de classe ou de associação legalmente constituída e em funcionamento há pelo menos um ano, interpretando sistematicamente os dispositivos que tratam do mandado de injunção e do mandado de segurança coletivo (artigo 5º, incisos LXX e LXXI, da Constituição Federal).

Assim, partindo-se da concepção da sociedade brasileira como uma sociedade pluralista, é possível conceber o controle de constitucionalidade brasileiro como expressão do exercício da função jurisdicional legitimada democraticamente.

A Constituição configurou a jurisdição constitucional como mais um canal aberto à participação de diferentes grupos e, reconhecendo a multiplicidade de identidades sociais, inclusive das minorias, aprimorou o sistema democrático brasileiro.

IV.4. A LEGITIMIDADE DEMOCRÁTICA DO CONTROLE JURISDICIONAL DE CONSTITUCIONALIDADE SOB DIFERENTES ASPECTOS

As críticas relacionadas à legitimidade da jurisdição constitucional surgem em razão da importância que assume o controle jurisdicional de constitucionalidade como instrumento de proteção da Constituição, dos direitos e das garantias fundamentais.

A defesa dos órgãos jurisdicionais na posição de garantidores da Constituição e a justificação democrática dessa competência assumem diferentes aspectos, alguns dos quais analisados a seguir.

IV.4.1 Legitimidade pela Investidura

No Brasil, a escolha de uma pessoa para ocupar o cargo de ministro do Supremo Tribunal Federal, assim como ocorre na maioria dos países, não decorre de eleição popular. Ela é realizada pelo Presidente da República, que submete sua indicação a aprovação do Senado Federal, conforme art. 101, parágrafo único, da Constituição da República[116], disposição inspirada no critério

---

[116] Art. 101. O Supremo Tribunal Federal compõe-se de onze Ministros, escolhidos dentre cidadãos com mais de trinta e cinco e menos de sessenta e cinco anos de idade, de notável saber jurídico e reputação ilibada.
Parágrafo único. Os Ministros do Supremo Tribunal Federal serão nomeados pelo Presidente da República, depois de aprovada a escolha pela maioria absoluta do Senado Federal.

consagrado na Constituição dos Estados Unidos da América, em sua cláusula 2, da seção 2, do artigo II.

O Presidente da República possui ampla liberdade em sua escolha, uma vez que a Constituição exige apenas que o indicado possua mais de 35 e menos de 65 anos de idade, seja brasileiro nato[117], possua notável saber jurídico e reputação ilibada. À exceção dos requisitos de idade e de nacionalidade, os dois outros são cláusulas abertas, ficando à livre discricionariedade do chefe do Poder Executivo a incumbência de indicar o cidadão que irá compor a mais alta corte do Poder Judiciário o que denota a feição política do ato.

Segundo Jorge Miranda[118], é, justamente, por os juízes constitucionais serem escolhidos por órgãos democraticamente legitimados que eles podem invalidar atos com força de lei. Sustenta, ainda, que os tribunais constitucionais possuem uma legitimidade de título, que justifica o poder de intervenção nos atos dos demais órgãos políticos. Afirma que, embora por via indireta, os juízes do tribunal constitucional têm a mesma origem dos titulares dos órgãos políticos. Ademais, o fato de serem eleitos por representantes dos outros órgãos, não lhes tira a legitimidade, pois não se tornam representantes daqueles que os elegeram, mas adquirem independência com a designação.

---

[117]CRFB/88. Art. 12. § 3º - São privativos de brasileiro nato os cargos: IV - de Ministro do Supremo Tribunal Federal;
[118] MIRANDA, 2001, p. 121.

No mesmo sentido, o entendimento de Mauro Capelletti[119] que, citando Robert A. Dahl, afirma que o Judiciário não é inteiramente carente de representatividade. Para este último, a Suprema Corte norte-americana, assim como outros tribunais constitucionais, é composta por juízes que são nomeados por um Presidente e aprovados pelo Senado, ambos eleitos pelo povo, o que lhes confere, ainda que indiretamente, o caráter de órgão representativo.

Na verdade, o postulado democrático da representatividade não constitui óbice ao exercício do controle de constitucionalidade pelo tribunal constitucional já que, ainda que indiretamente, a origem da competência conferida ao juiz constitucional é a mesma dos demais órgãos do Estado. A peculiaridade das formas de investidura dos magistrados nas Cortes Constitucionais demonstra a preocupação do poder constituinte quanto à representatividade desses agentes.

Por outro lado, cumpre salientar que a legitimidade de origem invocada nesta oportunidade é válida somente para os tribunais constitucionais, não justificando o exercício do controle de constitucionalidade pelos juízes e tribunais ordinários.

No sistema brasileiro, o provimento dos cargos da magistratura ordinária é efetuado por concurso público de provas e títulos, sendo que os tribunais possuem uma cota de 1/5 de suas vagas reservada a escolha de autoridades e órgãos políticos.

---

[119] CAPELLETTI, 1999, pp. 96-97.

O critério do concurso público, apesar de enfrentar críticas, mostra-se democrático na medida em que permite o ingresso de atores com as mais diversas visões de mundo, independentemente de berço ou fortuna. Obviamente, quanto mais avançado o sistema educacional, maior o grau de participação democrática.

E a legitimidade de origem dos juízes, e também dos integrantes das Cortes Constitucionais, é reforçada pelo próprio exercício da jurisdição constitucional. Esta é a posição de Eugenio Raúl Zaffaroni:

> Pensamos que a legitimidade democrática não é julgada unicamente pela origem, senão também, e às vezes fundamentalmente, pela função. Segundo nosso ponto de vista, o prioritário no judiciário é sua função democrática, ou seja, sua já mencionada utilidade para a estabilidade e continuidade democrática. É verdade que não é indiferente a forma de seleção, mas neste aspecto o importante será decidir por aquilo que seja mais idôneo ao cumprimento das tarefas democráticas, e isto não pode depender de um dado meramente formal. [120]

É a prática da jurisdição constitucional que possibilita a concretização da democracia como participação dos cidadãos nas decisões estatais. E essa legitimidade adquirida pelo exercício da função pode ser entendida de acordo com os demais argumentos tratados a seguir.

---

[120] ZAFFARONI, 1995, p. 44.

IV.4.2 Legitimidade pelo Acesso à Justiça

A Constituição da República de 1988 democratizou o acesso ao controle concentrado de constitucionalidade, superando o modelo consagrado pela ordem constitucional anterior, que concentrava a legitimidade ativa para propositura de ação direta de inconstitucionalidade no Procurador-Geral da República.

Confira-se, a respeito, o que dispõe o art. 103:

> Art. 103. Podem propor a ação direta de inconstitucionalidade e a ação declaratória de constitucionalidade:
> I - o Presidente da República;
> II - a Mesa do Senado Federal;
> III - a Mesa da Câmara dos Deputados;
> IV - a Mesa de Assembleia Legislativa ou da Câmara Legislativa do Distrito Federal;
> V - o Governador de Estado ou do Distrito Federal;
> VI - o Procurador-Geral da República;
> VII - o Conselho Federal da Ordem dos Advogados do Brasil;
> VIII - partido político com representação no Congresso Nacional;
> IX - confederação sindical ou entidade de classe de âmbito nacional.

Essa inovação, à evidência, possui importância fundamental numa sociedade plural, uma vez que viabilizada a participação de todos os setores e, em especial das minorias, na formação da vontade política do Estado.

A respeito, Norberto Bobbio[121] ressalta que a democracia ideal foi concebida conforme o modelo de sociedade monística, fundada na soberania popular, com um único centro de poder (a vontade geral de Rousseau). Contudo o que ocorreu nos Estados democráticos foi justamente o oposto. Com a criação de grupos politicamente relevantes (associações de diversas naturezas, sindicatos e partidos políticos das mais variadas ideologias) o modelo ideal democrático fundado no tipo de sociedade centrípeta foi substituído por uma sociedade centrífuga, com vários centros de poder. Assim, nos Estados democráticos, erigidos sobre uma sociedade pluralista, *não existe mais o povo como unidade ideal (ou mística), mas apenas o povo dividido de fato em grupos contrapostos e concorrentes*[122].

Na verdade, o tribunal constitucional assume papel de garantidor do acesso à justiça também para aqueles grupos que não conseguiram obter acesso ou foram desconsiderados no processo político.

No que se refere ao papel exercido pela Suprema Corte americana na proteção dos interesses das minorias, afirma Martin Shapiro[123]:

> São exatamente esses grupos marginais, grupos que acham impossível procurar acesso nos poderes "políticos", que a corte pode melhor servir (...) Enquanto, efetivamente, são

---

[121] BOBBIO, 2002, pp. 34-36
[122] BOBBIO, 2002, p. 35.
[123] Apud CAPELLETTI, 1999, p. 99.

essencialmente políticos os poderes da Corte, pelo que os grupos marginais podem aguardar por parte da Corte o apoio político que não estão em condições de encontrar em outro lugar, os procedimentos da Corte, pelo contrário, são judiciários. Significa isso que tais procedimentos se baseiam no debate em contraditório ("adversary") entre as duas partes, vistas como indivíduos iguais; dessa forma, os grupos marginais podem esperar audiência muito mais favorável de parte da Corte do que de organismos que, não sem boa razão, olham além do indivíduo, considerando em primeiro lugar a força política que pode trazer à arena.

A garantia de acesso à justiça assegura, pois, o caráter dialético do processo decisório, com a abertura de canais de expressão dos interesses das minorias.

Frise-se, por outro lado, que isso não significa, necessariamente, que os órgãos jurisdicionais decidam sempre pela censura às decisões tomadas pela maioria, pois a tutela dos interesses dos grupos minoritários deve ser concedida apenas quando a pretensão estiver respaldada nos valores consagrados pela Constituição.

Os órgãos incumbidos do controle de constitucionalidade passam a representar a manifestação própria do poder constituinte, estando autorizados a exercer a fiscalização da constitucionalidade dos atos dos poderes públicos, inclusive das decisões majoritárias, somente quando essa fiscalização esteja alicerçada na Carta Suprema.

Como se vê, o exercício da jurisdição constitucional concretiza a concepção pluralista do regime democrático, seja como mais um canal de participação dos grupos sociais excluídos do processo político, seja como método de aproximação do Estado e da sociedade, numa perspectiva de ampliação do acesso à justiça.

IV.4.3 Legitimidade pela Participação

IV.4.3.1 Do *Amicus Curiae*

Atenta ao ideal democrático previsto no art. 1.º, *caput*, da Constituição da República, a legislação infraconstitucional que trata dos dois principais processos objetivos de controle de constitucionalidade[124], a ação direta de inconstitucionalidade e a ação declaratória de constitucionalidade, prevê a participação de órgãos e entidades no processo decisório, instituindo a figura do *amicus curiae* no controle de constitucionalidade.

Tal previsão contribui para pluralizar o debate constitucional, promovendo uma abertura procedimental e conferindo maior legitimidade democrática à decisão proferida pelo Supremo Tribunal Federal.

---

[124] BRASIL. Lei n.º 9.868/99. Art. 7º Não se admitirá intervenção de terceiros no processo de ação direta de inconstitucionalidade. § 2º O relator, considerando a relevância da matéria e a representatividade dos postulantes, poderá, por despacho irrecorrível, admitir, observado o prazo fixado no parágrafo anterior, a manifestação de outros órgãos ou entidades.

Frise-se, outrossim, que o *amicus curiae* não é parte no processo, uma vez que o caput do artigo 7º, da Lei n. 9.869/99, não admite intervenção de terceiros no processo de ação direta de inconstitucionalidade. Consequentemente, não pode requerer medida cautelar[125] e nem interpor recurso, salvo da decisão que inadmite sua participação. Possui, na verdade, natureza de auxiliar do juízo, assim como o perito.

Gustavo Binenbojm, baseado na lição de Steven H. Gifis, esclarece que:

> *Amicus curiae* é o 'amigo da Corte', aquele que lhe presta informações sobre matéria de direito, objeto da controvérsia. Sua função é chamar a atenção dos julgadores para alguma matéria que poderia, de outra forma, escapar-lhe ao conhecimento. Um memorial de *amicus curiae* é produzido, assim, por quem não é parte do processo, com vistas a auxiliar a Corte para que esta possa proferir uma decisão acertada, ou com vistas a sustentar determinada tese jurídica em defesa de interesses públicos ou privados de terceiros, que serão indiretamente afetados pelo desfecho em questão[126].

---

[125] STF – ADI 2.904: (...) Decido. O que o amicus curiae requer, a toda evidência, é providência de natureza cautelar, a qual, dada a posição que assumiu nos autos, de defesa da validade da norma impugnada, adquire os contornos de uma cautela típica da ação declaratória de constitucionalidade, prevista no art. 21 da Lei nº 9.868/98, o qual autoriza a suspensão do "julgamento dos processos que envolvam a aplicação da lei ou do ato normativo objeto da ação até seu julgamento definitivo". Falta-lhe, contudo, legitimidade para requerer o deferimento de medida cautelar na ação direta, quanto mais quando no sentido oposto ao que postulado pelo Governador do Estado na petição inicial. (...) Ante o exposto, indefiro o pedido. Intime-se. Brasília, 27 de maio de 2008. Ministro MENEZES DIREITO.
[126] BINENBOJM, 2001, p. 155, nota 295

Nota-se, assim, que o legislador estabeleceu uma inovação benéfica ao controle de constitucionalidade brasileiro, possibilitando a participação no processo decisório de outras instituições ou órgãos interessados, legitimados ou não para a propositura da ação direta de inconstitucionalidade. Na opinião de Inocêncio Mártires Coelho:

> Admitida, pela forma indicada, a presença do *amicus curiae* no processo de controle de constitucionalidade, não apenas se reitera a impessoalidade da questão constitucional, como também se evidencia que o deslinde desse tipo de controvérsia interessa objetivamente a todos os indivíduos e grupos sociais, até porque ao esclarecer o sentido da Carta Política, as cortes constitucionais, de certa maneira, acabam reescrevendo as constituições[127].

Cumpre salientar, por fim, que apesar de inexistir previsão legal a respeito, a jurisprudência do Supremo Tribunal Federal admite que o *amicus curiae* faça sustentação oral na sessão de julgamento.[128]

---

[127] COELHO, 1998, p. 133
[128] STF – ADI (QO) 2.777/SP: Decisão: O Tribunal, por maioria, resolvendo questão de ordem, entendeu permitir a sustentação oral na ação direta de inconstitucionalidade dos amici curiae, vencidos a Senhora Ministra Ellen Gracie e o Senhor Ministro Carlos Velloso. Votou o Presidente, o Senhor Ministro Maurício Corrêa. Em seguida, o julgamento foi adiado em virtude do adiantado da hora. Ausente, justificadamente, neste julgamento, o Senhor Ministro Nelson Jobim. Plenário, 26.11.2003.

IV.4.3.2 Da Audiência Pública

Mesmo após a ampliação dos legitimados a ajuizarem ação direta de inconstitucionalidade levada a efeito pela Constituição da República de 1988 o cidadão continuou tendo um papel de mero espectador passivo nos processos de interpretação e aplicação da Constituição.

Além do *amicus curiae*, a Lei n. 9.869/99 prevê a possibilidade de realização de audiência pública[129] pelo Supremo Tribunal Federal, uma prática inovadora que resultou na abertura dos processos formais de controle de constitucionalidade à participação do conjunto da sociedade civil, além de subsidiar a Corte de informações acerca de matéria ou circunstâncias de fato.

A primeira experiência de audiência pública no Supremo Tribunal Federal ocorreu em 20 de abril de 2007, na ADI nº 3.510-DF, que discutia a constitucionalidade da Lei Federal n.º 11.105/05, a chamada Lei de Biossegurança.

---

[129] BRASIL. LEI Nº 9.868/99. Art. 9.ª § 1o Em caso de necessidade de esclarecimento de matéria ou circunstância de fato ou de notória insuficiência das informações existentes nos autos, poderá o relator requisitar informações adicionais, designar perito ou comissão de peritos para que emita parecer sobre a questão, ou fixar data para, em audiência pública, ouvir depoimentos de pessoas com experiência e autoridade na matéria.
§ 2o O relator poderá, ainda, solicitar informações aos Tribunais Superiores, aos Tribunais federais e aos Tribunais estaduais acerca da aplicação da norma impugnada no âmbito de sua jurisdição.
§ 3o As informações, perícias e audiências a que se referem os parágrafos anteriores serão realizadas no prazo de trinta dias, contado da solicitação do relator.

Segundo o Ministro Relator Carlos Ayres Britto:

> a matéria veiculada nesta ação se orna de saliente importância, por suscitar numerosos questionamentos e múltiplos entendimentos a respeito da tutela do direito à vida. Tudo a justificar a realização de audiência pública, a teor do § 1º do artigo 9º da lei 9.868/99. Audiência que, além de subsidiar os Ministros deste Supremo Tribunal Federal, também possibilitará uma maior participação da sociedade civil no enfrentamento da controvérsia constitucional, o que certamente legitimará ainda mais a decisão a ser tomada pelo Plenário desta nossa colenda Corte. [130]

Foram, então, convidados, para essa audiência, 17 especialistas indicados pelos requeridos e pelos *amici curiae*, além dos arrolados pelo Procurador-Geral da República, com a finalidade de esclarecer aspectos sobre a matéria questionada. Assim, a primeira audiência pública do Supremo Tribunal Federal foi um marco na história do controle de constitucionalidade brasileiro e representou o primeiro passo para a efetiva realização desse instrumento democrático e participativo.

Em 2008, foram realizadas mais duas audiências públicas. Uma sobre a possibilidade de importação de pneus usados pelo Brasil – ADPF n.º 101 –, convocada pela Ministra Relatora Cármen Lúcia e realizada em 27 de junho. E outra que tratou da possibilidade de interrupção de gravidez de fetos anencefálicos – ADPF n.º 54 – determinada pelo Ministro Relator Marco Aurélio. Essa última

---

[130] STF. ADI nº 3.510-DF. Diário da Justiça da União de 1/2/2007

restou dividida em quatro sessões, tendo participado, ao todo, 25 representantes de diferentes áreas, como religiosos, comunidade científica, sociedade civil e governo.

Posteriormente, foi editada a Emenda Regimental n.º 28, de 18 de fevereiro de 2009, regulamentando o procedimento das audiências públicas realizadas no âmbito do Supremo Tribunal Federal, autorizando a convocação de audiência pública também pelo Presidente do Tribunal, não sendo mais exclusividade do Ministro Relator. Assim, de acordo com o art. 13, inciso XVII, e art. 21, inciso XVII, do Regimento Interno do STF, o Presidente do Tribunal e o Ministro Relator poderão convocar audiência pública para ouvir o depoimento de pessoas com experiência e autoridade em determinada matéria, sempre que entender necessário o esclarecimento de questões ou circunstâncias de fato, como repercussão geral e de interesse público relevante, debatidas no âmbito do Tribunal.

Na esteira desta previsão regimental, o Supremo Tribunal Federal tem realizado diversas audiências públicas.

Ora, não é mais possível admitir a concepção de que a análise de constitucionalidade das leis seja baseada em mero juízo teórico e realizada por meio do confronto entre duas normas, sendo uma superior à outra, portanto, mera questão de direito, sem espaço para a produção de provas e contraditório. De fato, uma instrução probatória mínima pode ser admitida e, até, em certos casos, pode ser imprescindível para o deslinde adequado da questão constitucional suscitada, sob pena, inclusive, de inabilitar-se o Tribunal Constitucional para realizar o julgamento. [131]

Desse modo, a efetiva realização de audiência pública nos processos constitucionais se afigura como um caminho capaz de emprestar racionalidade ao processo constitucional e democratizar o acesso à interpretação da Carta Magna.

Nas palavras do Ministro Carlo Ayres Britto, significa tirar o povo da plateia e colocá-la no palco das decisões que lhe digam respeito. O povo deixando de ser passivo espectador para ser um ativo condutor do seu próprio destino. [132]

IV.4.4 Legitimidade pela Instrução

Os artigos 9.º e 20, da Lei 9.868/99, possibilitam ao relator requisitar informações adicionais, designar perito ou comissão de peritos para que emita parecer sobre a questão, ouvir depoimentos de pessoas com experiência e autoridade na matéria ou, ainda, solicitar informações aos Tribunais Superiores, aos Tribunais federais e aos Tribunais estaduais acerca da aplicação da norma impugnada no âmbito de sua jurisdição.

A inovação é louvável por possibilitar que o Supremo Tribunal reúna informações suficientes para que tenha conhecimento do caso em julgamento, bem como da amplitude e dos efeitos da decisão que será prolatada. Elogiável também por romper com a

---

[131] TAVARES, 2001, p. 397.
[132] Notícia publicada no dia 17.4.2007 no site <www.stf.jus.br>.

ideia de que o controle de constitucionalidade implica numa apreciação exclusivamente jurídica pelo tribunal.

A possibilidade de produção de prova pericial ou de ser determinada a oitiva de depoimentos e pessoas com experiência e autoridade na matéria deixa clara a necessidade de serem conhecidas as situações concretas sujeitas à incidência da norma cuja constitucionalidade é questionada. Ressalta-se, com isso, a importância da interpretação aliada à realidade constitucional.

A abertura à instrução probatória no controle abstrato de constitucionalidade evidencia a superação da ideia de que o controle abstrato de constitucionalidade não comportaria dilação probatória.

Nos Estados Unidos, desde 1908, com o caso *Muller vs Oregon*, foi desmistificada a concepção dominante, segundo a qual a questão constitucional configurava simples questão jurídica, tendo sido utilizado pelo advogado Louis D. Brandeis memorial contendo duas páginas dedicadas às questões jurídicas e outras voltadas para os efeitos da longa duração do trabalho sobre a situação da mulher. Na Alemanha, a revisão de fato e prognoses legislativos vem sendo discutida desde 1968, com a apresentação de projeto de lei sobre a matéria — que sequer chegou a ser aprovado. Enquanto no Brasil, apenas recentemente a doutrina e a jurisprudência têm atentado para a importância da apreciação de dados da realidade pela jurisdição constitucional.[133]

---

[133] MENDES, 2000, pp. 99-100.

Por outro lado, foi dada oportunidade ao relator de solicitar informações aos Tribunais Superiores, aos Tribunais federais e aos Tribunais estaduais acerca da aplicação da norma impugnada no âmbito de sua jurisdição. A inovação deve ser aplaudida, pois reveste o Supremo Tribunal Federal do espírito democrático, aproximando-o dos demais magistrados do país.

Todas essas medidas, à evidência, legitimam o exercício da fiscalização da constitucionalidade pelos órgãos jurisdicionais, segundo perspectiva da democracia participativa.

A proposta de adequação do processo a fim de assegurar maior participação da sociedade coincide com a visão de Peter Häberle. Para ele, a sociedade aberta dos intérpretes da constituição resulta na ampliação e aperfeiçoamento dos instrumentos de informação dos juízes constitucionais (especialmente nas audiências e intervenções), motivo pelo qual devem ser desenvolvidas novas formas de participação das potências públicas pluralistas enquanto intérpretes em sentido amplo da Constituição. Desta forma, o direito processual constitucional torna-se parte do direito de participação democrática[134].

IV.4.5 Legitimidade pela Argumentação

Importante também a legitimidade obtida por meio da argumentação, que justifica o exercício da jurisdição constitucional

---

[134] HÄBERLE, 1997, p. 48

pelo processo deliberativo e permite a construção da interpretação constitucional a partir dos mais variados argumentos. Essa legitimidade se sustenta tanto na aceitação da decisão pelos cidadãos, alcançada mediante a exposição dos argumentos por parte do órgão jurisdicional, quanto na argumentação implementada pelos próprios cidadãos, que se inserem como partícipes no processo deliberativo.

A exigência de fundamentação de todas as decisões judiciais se alia à obrigação de publicidade a que as mesmas estão submetidas, permitindo maior aproximação entre o cidadão e o Estado-juiz, facilitando a fiscalização do exercício da jurisdição e conferindo-lhe maior legitimidade. É a opinião de Capelletti:

> Particularmente, de forma diversa dos legisladores, os tribunais superiores são normalmente chamados a explicar por escrito e, assim, abertamente ao público, as razões de suas decisões, obrigação que assumiu a dignidade de garantia constitucional em alguns países, como a Itália. Essa praxe bem se pode considerar como um contínuo esforço de convencer o público da legitimidade de tais decisões, [...][135]

A legitimidade extraída do processo de argumentação da via judicial também é analisada por Robert Alexy[136], que soluciona o impasse entre democracia e jurisdição constitucional pela distinção entre representação política e representação argumentativa do cidadão.

---
[135] CAPELLETTI, 1999, p. 98
[136] ALEXY, 1999, p. 55-66.

> A chave para a resolução é a distinção entre a representação política e a argumentativa do cidadão. O princípio fundamental: "todo poder estatal origina-se do povo" exige compreender não só o parlamento mas também o tribunal constitucional como representação do povo. A representação ocorre, decerto, de modo diferente. O parlamento representa o cidadão politicamente, o tribunal constitucional argumentativamente.

De acordo com o autor, o tribunal constitucional também representa o povo, mas diferentemente do parlamento tal órgão adquire sua representatividade pela via argumentativa. Não significa que a decisão deva ser aceita, necessariamente, por toda a sociedade. A legitimidade, nesse caso, decorre da instauração de um processo de reflexão entre a coletividade, o legislador e os juízes constitucionais, ou seja, da possibilidade de discussão da sentença e de seus fundamentos.

> (...) A representação argumentativa dá certo quando o tribunal constitucional é aceito como instância de reflexão do processo político. Isso é o caso, quando os argumentos do tribunal encontram um eco na coletividade e nas instituições políticas, conduzem a reflexões e discussões que resultam em convencimentos examinados. Se um processo de reflexão entre coletividade, legislador e tribunal constitucional se estabiliza duradouramente pode ser falado de uma institucionalização que deu certo dos direitos do homem no estado constitucional democrático.

Habermas, por sua vez, justifica a legitimidade do controle de constitucionalidade das leis por meio da democracia deliberativa por ele defendida, em que ressalta um modelo de constituição procedimental.

Para Habermas, a constituição determina procedimentos políticos, segundo os quais os cidadãos, assumindo seu direito de autodeterminação, podem perseguir cooperativamente o projeto de produzir condições justas de vida[137], rejeitando uma concepção liberal de constituição.

A partir da contraposição dos ideais liberal e republicano, Habermas apresenta a compreensão procedimentalista do direito e da democracia, que exige não só o reconhecimento do pluralismo social e cultural, característico das sociedades modernas, mas também a discussão, a deliberação que possibilita maior participação dos cidadãos na formação da vontade estatal.

Na visão procedimental, a democracia se realiza mediante os pressupostos comunicativos e procedimentos, os quais permitem que, durante o processo deliberativo, venham à tona os melhores argumentos[138]. A formação democrática da vontade retira sua força do processo deliberativo, isto é, da própria controvérsia discursiva.

Tal concepção procedimentalista do direito e da democracia é que determina o papel da jurisdição constitucional. A função do tribunal constitucional consiste em proteger o processo de criação democrática do direito, o que significa, nas palavras do autor, que o

---

[137] HABERMAS, 1997, p. 326.
[138] HABERMAS, 1997, p. 345.

tribunal constitucional precisa examinar os conteúdos de normas controvertidas especialmente no contexto dos pressupostos comunicativos e condições procedimentais do processo de legislação democrático[139].

Além disso, para o autor, a razão incorpora-se nas condições pragmático-formais possibilitadoras de uma política deliberativa, não sendo necessário contrapô-la a esta última como se fosse autoridade estranha, situada além da comunicação política[140].

Assim, pode-se afirmar que a participação dos cidadãos na formação da vontade do Estado possibilita a concretização de uma sociedade democrática.

IV.4.6 Legitimidade e Acesso à Justiça

Partindo-se da perspectiva da ampliação do acesso à justiça, também é possível entender o exercício da jurisdição como uma função legitimada democraticamente. Neste caso, o controle de constitucionalidade adquire maior legitimidade em razão da proximidade dos órgãos jurisdicionais com os problemas e os anseios da população que surgem dos casos concretos.

Para Capelletti, este constitui um dos argumentos que reforçam a legitimidade democrática do direito jurisprudencial. Para ele, a conexão direta da jurisdição com as partes interessadas torna o processo jurisdicional o mais participativo de todos os processos da

---
[139] HABERMAS, 1997, p. 326.
[140] HABERMAS, 1997, p. 354.

atividade pública. Essa participação, por sua vez, permite ao magistrado conhecer a realidade social e interpretar a norma jurídica de acordo com essa realidade. Por isso, assevera o autor, embora a profissão ou a carreira dos juízes possa ser isolada da realidade da vida social, a sua função os constrange, todavia, dia após dia, a se inclinar sobre essa realidade [141].

Nesse passo, forma-se a convicção de que a independência conferida aos juízes e aos tribunais não se traduz no distanciamento dos fatos e dos problemas da vida cotidiana. Pelo contrário, a combinação entre a independência e a sensibilidade às necessidades da população é que possibilita ao tribunal exercer democraticamente suas atividades. Por isso, afirma Capelletti:

> [...], a legitimação dos juízes não é menos concreta e fundamental, porquanto é, ou pelo menos tem a potencialidade de ser, profundamente radicada nas necessidades, ônus, aspirações e solicitações quotidianas dos membros da sociedade. Na descrição assaz vívida do professor Alexander Bickel, existe realmente nos tribunais uma combinação única de dois elementos: de um lado, o que ele denominou de "isolamento" típico do estudioso, isolamento crucial na "descoberta dos valores duradouros da sociedade", e, de outro lado, a quotidiana obrigação de tratar "com a realidade viva de controvérsias concretas", diversamente do legislador que tem de lidar "tipicamente com problemas gerais, abstratos ou vagamente previstos". Essa combinação única constitui também, pelo menos potencialmente, a força única da função jurisdicional. Ela permite aos

---

[141] CAPELLETTI, 1999, p. 105.

> tribunais a possibilidade de encontrarem-se continuamente em contato direto com os problemas mais concretos e atuais da sociedade, mantendo- se ao mesmo tempo, nada obstante, suficientemente independentes e afastados das pressões e caprichos do momento. [142]

O exercício da jurisdição inclina-se sobre a realidade social e por isso tem a potencialidade de ser altamente democrático. Porém, observa-se que essa proximidade estabelecida entre o juiz e a sociedade necessita de certas condições para se tornar realidade. Dentre as condições enunciadas pelo autor, destaca-se a ampliação do acesso à justiça como fator preponderante na legitimidade democrática do exercício da jurisdição constitucional, permitindo-se cada vez mais a participação do maior número de sujeitos possível no processo decisório.

Nesse sentido, a lição de Inocêncio Coelho:

> Por isso mesmo, sem que precisem andar a reboque das maiorias ocasionais, embora não possam nem devam ignorar a sua existência, se conseguirem preservar aquele equilíbrio instável entre norma e realidade constitucional — e na medida em que o consigam —, os tribunais constitucionais continuarão a contar com o respaldo da opinião pública para reescrever de fato a Constituição, sem que a ninguém, ocorra sequer indagar sobre a legitimidade desse procedimento[143].

---

[142] CAPELLETTI, 1999, p. 104.
[143] COELHO, 1998, p. 128.

IV.4.7 Legitimidade Pela Defesa dos Direitos Fundamentais

Além de todos os argumentos já mencionados, que pretendem justificar o exercício do controle jurisdicional de constitucionalidade, é possível ainda defender a legitimidade democrática da jurisdição constitucional em razão da tutela dos direitos fundamentais.

De acordo com José Adércio Leite Sampaio, a crescente adoção das declarações de direito e o vertiginoso ganho de seu conteúdo criaram, sobre as jurisdições de quase todo o mundo, uma extraordinária demanda de proteção[144].

Com a crescente adoção das declarações de direitos, a proteção dos fundamentais passa a ser considerada como índice de legitimidade do sistema constitucional. Consequentemente, assume crucial importância os mecanismos de fiscalização da constitucionalidade, em especial aqueles atribuídos a órgãos jurisdicionais.

Com a atribuição do controle de constitucionalidade a órgãos jurisdicionais, a proteção dos direitos fundamentais deixou o plano exclusivamente político, passando a ser tratada como questão jurídica. Por isso, é possível afirmar que a proteção dos direitos fundamentais na sua dimensão subjetiva só tenha começado a ganhar sentido com o pontificado da Justiça Constitucional[145], iniciando-se, aí, a luta pela juridicidade plena dos direitos fundamentais.

---

[144] SAMPAIO, 2002. pp. 185-186.
[145] MORAIS, 2000, p. 113.

E a jurisdição constitucional não se manifesta apenas com o controle de constitucionalidade das leis, isto é, como forma de tutela do direito objetivo. A tutela das situações jurídicas subjetivas do indivíduo frente às autoridades públicas é também abrangida pela noção de jurisdição constitucional.

Os órgãos jurisdicionais aparecem como instrumentos de defesa do Estado de direito, da supremacia da constituição e, consequentemente, do respeito aos direitos e às liberdades fundamentais. E, para alguns doutrinadores, é justamente a proteção aos direitos e às liberdades fundamentais que legitima democraticamente o exercício da jurisdição constitucional.

Esse entendimento é compartilhado por Capelletti, que refuta o alegado caráter antidemocrático atribuído à atividade judicial: a democracia não pode sobreviver em um sistema em que fiquem desprotegidos os direitos e as liberdades fundamentais[146].

Isso porque a democracia não se reduz ao princípio da maioria. Democracia significa participação, tolerância e liberdade que são alcançadas com a ajuda de um judiciário ativo, dinâmico e criativo, que seja capaz de assegurar a preservação do sistema de *checks and balances* diante do crescimento dos poderes políticos, bem como do controle dos outros centros de poder típicos das sociedades contemporâneas.

No mesmo sentido, ao tratar da legitimidade da Justiça constitucional, entende Alexandre de Moraes que a jurisdição

---

[146] CAPELLETTI, 1999, p. 106

constitucional retira sua legitimidade formalmente da própria Constituição e materialmente da necessidade de proteção ao Estado de Direito e aos Direitos Fundamentais[147]. Formalmente, o controle de constitucionalidade é legitimado como expressão da vontade soberana do poder constituinte originário. Por outro lado, sob o aspecto material, a legitimidade da jurisdição constitucional está relacionada à garantia dos princípios, objetivos e direitos fundamentais consagrados na Carta Maior.

É nessa medida, portanto, que a defesa dos direitos fundamentais relaciona-se com a preservação da democracia. Sem o controle do poder político, sem a existência de um equilíbrio entre os poderes e sem a garantia de efetividade dos direitos e das liberdades fundamentais não há Estado de direito, nem tampouco Estado Democrático de Direito, pois se inviabiliza o exercício da liberdade e a participação popular nas decisões estatais.

A legitimidade da justiça constitucional passa a residir na exigência do cumprimento, pelos poderes constituídos, dos princípios, objetivos e direitos fundamentais consagrados pelo poder constituinte.

Em tal perspectiva, os órgãos judiciais responsáveis pelo controle de constitucionalidade das leis tornam-se instrumentos de concretização desses direitos.

Sob esse aspecto, o exercício do controle de constitucionalidade se torna imprescindível à realização do Estado

---

[147] MORAES, 2000, p. 68.

constitucional e democrático. Aliás, se a democracia se realiza com a observância dos direitos prescritos na Carta Maior, não se pode questionar a legitimidade democrática dos órgãos jurisdicionais incumbidos da fiscalização da constitucionalidade e comprometidos com a tutela dos direitos fundamentais.

V. CONCLUSÃO

A norma fundamental, para assegurar sua supremacia, estabelece mecanismos de garantia contra os atos públicos. Cuida-se de instrumentos que foram emergindo historicamente em resposta aos ataques à Constituição.

O Brasil, conforme restou assente, adotou um sistema híbrido de fiscalização da constitucionalidade que comporta participação do Poder Executivo, do Poder Legislativo e, principalmente, atuação do Poder Judiciário.

Depois de tudo quanto já se disse, pode-se afirmar que o controle de constitucionalidade exercido pelo Supremo Tribunal Federal constitui atividade legítima que decorre da decisão política fundamental encartada na Constituição da República de 05 de outubro de 1988.

Com efeito, o Brasil, com exceção da Constituição de 1824 – que festejava a supremacia do parlamento e vislumbrava a coordenação dos poderes pelo Poder Moderador –, desde a Constituição da República de 1891 consagrou a técnica do controle jurisdicional de constitucionalidade de lei ou ato com indiscutível caráter normativo, tarefa que foi atribuída a qualquer juiz ou tribunal, verdadeiro transplante do sistema norte-americano do *judicial review*.

Uma inovação do controle jurisdicional de constitucionalidade, ademais, foi instaurada a partir da Emenda Constitucional nº. 16, de 26/11/1965, à Constituição de 1946, que instituiu a fiscalização abstrata da constitucionalidade de atos normativos federais e estaduais, atribuindo ao Supremo Tribunal Federal competência originária de tal ofício.

A Constituição da República de 1988, *pari passu*, abarcou os modelos difuso-incidental e concentrado-principal, aperfeiçoando o sistema de fiscalização da constitucionalidade pelo Poder Judiciário. Trouxe, ainda, quatro principais novidades para o sistema de controle jurisdicional da constitucionalidade: a) ampliou a legitimação para a propositura da representação de inconstitucionalidade; b) estabeleceu a possibilidade de controle de constitucionalidade das omissões legislativas; c) autorizou a instituição, pelos Estados, da representação de inconstitucionalidade de leis ou atos normativos estaduais ou municipais em face da Constituição Estadual e, por fim, d) possibilitou a criação da arguição de descumprimento de preceito fundamental (ADPF).

Como se vê, as modificações instauradas pela nova ordem constitucional elevaram o papel do controle abstrato da constitucionalidade no direito brasileiro e alargou o papel do STF na fiscalização jurisdicional da constitucionalidade.

À evidência, não obstante mantido o sistema difuso-incidental, o modelo concentrado-principal alcançou verdadeiro destaque, conferindo ao Supremo Tribunal Federal peculiar posição: Órgão de Revisão de última instância para o controle das questões constitucionais discutidas em processos judiciais e Tribunal Constitucional com competência para aferir a constitucionalidade *in abstrato* das leis e atos normativos estaduais e federais.

E a legitimidade da jurisdição constitucional brasileira justifica-se com base em diferentes aspectos.

O Supremo Tribunal Federal, assim como outros tribunais constitucionais, é composto por juízes que são nomeados pelo Presidente e aprovados pelo Senado, ambos eleitos pelo povo, o que lhes confere, ainda que indiretamente, o caráter de órgão representativo.

E a legitimidade de origem dos juízes, e também dos integrantes das Cortes Constitucionais, é reforçada pelo próprio exercício da própria jurisdição constitucional, que concretiza a concepção pluralista do regime democrático, funcionando como mais um canal de participação dos grupos sociais excluídos do processo político, numa perspectiva de ampliação do acesso à justiça.

Atenta ao ideal democrático previsto no art. 1.º, *caput*, da Constituição da República, a legislação infraconstitucional que trata dos dois principais processos objetivos de controle de constitucionalidade, a ação direta de inconstitucionalidade e a ação declaratória de constitucionalidade, prevê a participação de órgãos e entidades no processo decisório, instituindo a figura do *amicus curiae* no controle de constitucionalidade. Tal previsão contribui para pluralizar o debate constitucional, promovendo uma abertura procedimental e conferindo maior legitimidade democrática à decisão proferida pelo Supremo Tribunal Federal.

Além do *amicus curiae*, a Lei n. 9.869/99 prevê a possibilidade de realização de audiência pública pelo Supremo Tribunal Federal, uma prática inovadora que resultou na abertura dos processos formais de controle de constitucionalidade à participação do conjunto da sociedade civil, além de subsidiar a Corte de informações acerca de matéria ou circunstâncias de fato. A efetiva realização de audiência pública nos processos constitucionais se afigura como um caminho capaz de emprestar racionalidade ao processo constitucional e democratizar o acesso à interpretação da Carta Magna.

Os artigos 9.º e 20, da Lei n.º 9.868/99, possibilitam ao relator requisitar informações adicionais, designar perito ou comissão de peritos para que emita parecer sobre a questão, ouvir depoimentos de pessoas com experiência e autoridade na matéria ou, ainda, solicitar informações aos Tribunais Superiores, aos Tribunais federais e aos Tribunais estaduais acerca da aplicação da norma impugnada no âmbito de sua jurisdição. A inovação possibilita que o Supremo Tribunal reúna informações suficientes para que tenha conhecimento do caso em julgamento, bem como da amplitude e dos efeitos da decisão que será prolatada. Elogiável também por romper com a ideia de que o controle de constitucionalidade implica numa apreciação exclusivamente jurídica pelo tribunal.

A abertura à instrução probatória no controle abstrato de constitucionalidade evidencia a superação da ideia de que o controle abstrato de constitucionalidade não comportaria dilação probatória.

Também foi dada oportunidade ao relator de solicitar informações aos Tribunais Superiores, aos Tribunais federais e aos Tribunais estaduais acerca da aplicação da norma impugnada no âmbito de sua jurisdição. A novidade deve ser aplaudida, pois reveste o Supremo Tribunal Federal do espírito democrático, aproximando-o dos demais magistrados do país.

Todas essas medidas, à evidência, legitimam o exercício da fiscalização da constitucionalidade pelos órgãos jurisdicionais, segundo perspectiva da democracia participativa.

Importante também a legitimidade obtida por meio da argumentação, que justifica o exercício da jurisdição constitucional pelo processo deliberativo e permite a construção da interpretação constitucional a partir dos mais variados argumentos. Essa legitimidade se sustenta tanto na aceitação da decisão pelos cidadãos, alcançada mediante a exposição dos argumentos por parte do órgão jurisdicional, quanto na argumentação implementada pelos próprios cidadãos, que se inserem como partícipes no processo deliberativo.

A exigência de fundamentação de todas as decisões judiciais se alia à obrigação de publicidade a que elas estão submetidas, permitindo maior aproximação entre o cidadão e o Estado-juiz, facilitando a fiscalização do exercício da jurisdição e conferindo-lhe maior legitimidade.

Assim, pode-se afirmar que a participação dos cidadãos na formação da vontade do Estado possibilita a concretização de uma sociedade democrática.

Além de todos os argumentos já mencionados, que pretendem justificar o exercício do controle jurisdicional de constitucionalidade, é possível ainda defender a legitimidade democrática da jurisdição constitucional em razão da tutela dos direitos fundamentais. Os órgãos jurisdicionais aparecem como instrumentos de defesa do Estado de direito, da supremacia da constituição e, consequentemente, do respeito aos direitos e às liberdades fundamentais. E, para alguns doutrinadores, é justamente a proteção aos direitos e às liberdades fundamentais que legitima democraticamente o exercício da jurisdição constitucional.

A legitimidade da justiça constitucional passa a residir na exigência do cumprimento, pelos poderes constituídos, dos princípios, objetivos e direitos fundamentais consagrados pelo poder constituinte. Em tal perspectiva, os órgãos judiciais responsáveis pelo controle de constitucionalidade das leis tornam-se instrumentos de concretização desses direitos.

Sob esse aspecto, o exercício do controle de constitucionalidade se torna imprescindível à realização do Estado constitucional e democrático. Aliás, se a democracia se realiza com a observância dos direitos prescritos na Carta Maior, não se pode questionar a legitimidade democrática dos órgãos jurisdicionais incumbidos da fiscalização da constitucionalidade e comprometidos com a tutela dos direitos fundamentais.

VI. REFERÊNCIAS BIBLIOGRÁFICAS

ALEXY, Robert. *Direitos Fundamentais no Estado Constitucional Democrático. Para a Relação Entre Direitos do Homem, Direitos Fundamentais, Democracia e Jurisdição Constitucional*. Revista de Direito Administrativo, Rio de Janeiro, n. 217, p. 55-66, jul./set. 1999.

AMAYA, Jorge Alejandro. *Democracia vs. Constitución – El Poder del Juez Constitucional*. 1 ed. Rosario – Argentina: Ediciones AVI SRL, 2012.

AGRA, Walber de Moura. *Fraudes à Constituição: um Atentado ao Poder Reformador*. Porto Alegre: Sergio Antonio Fabris Editor, 2000.

BACHOFF, Otto. *Normas Constitucionais Inconstitucionais?* Tradução e Nota Prévia de José Manuel M. Cardoso da Costa. Coimbra: Edições Almedina, 2008.

BARROSO, Luis Roberto. *O Controle de Constitucionalidade no Direito Brasileiro. Exposição Sistemática da Doutrina e Análise Crítica da Jurisprudência*. 3 ed. 2 tir. São Paulo: Editora Saraiva, 2009.

BINENBOJM, Gustavo. *A Nova Jurisdição Constitucional Brasileira: Legitimidade Democrática e Instrumentos de Realização*. Rio de Janeiro: Renovar, 2001.

BOBBIO, Norberto. *O Futuro da Democracia*. 8 ed. rev. e ampl. Tradução de Marco Aurélio Nogueira. São Paulo: Paz e Terra, 2002.

BONAVIDES, Paulo. *Do Estado Liberal ao Estado Social*. 7 ed. São Paulo: Malheiros, 2001.

____. *Ciência Política*. 10 ed. rev. e atual. São Paulo: Malheiros, 2003A.

____. *Teoria Constitucional da Democracia Participativa: Por um Direito Constitucional de Luta e Resistência: Por Uma Nova*

Hermenêutica: Por Uma Repolitização da Legitimidade. 2ed. São Paulo: Malheiros, 2003B.

____. *Curso de Direito Constitucional*. 13 ed. rev. e atual. São Paulo: Malheiros, 2003C.

____. *Curso de Direito Constitucional*. 23 ed. São Paulo: Malheiros Editores, 2008.

BULOS, Uadi Lammêgo. *Curso de Direito Constitucional*. 3 ed. rev. e atual. de acordo com a Emenda Constitucional n 56/2007. São Paulo: Editora Saraiva, 2009.

____.*Mutação Constitucional*. São Paulo: Editora Saraiva, 1997.

BURDEAU, Georges. *Dilema de Nuestro Tiempo: Democracia Gobernante o Democracia Gobernada*. REVISTA DE DERECHO Nº109, año XXVII (Jul-Sep, 1959). ISSN 0718-591X (versión en línea). Chile: Universidad de Concepción.

CALCINI, Fábio Pallaretti. *Limites ao Poder de Reforma da Constituição: o embate entre gerações*. Campinas, SP: Millennium Editora, 2009.

CANOTILHO, José Joaquim Gomes. *Direito Constitucional e Teoria da Constituição*. 7 ed. 5 reimp. Coimbra: Livraria Almedina, 2009.

CAPELLETTI, Mauro. *Juízes Legisladores?* Tradução de Carlos Alberto Alvaro de Oliveira. Porto Alegre: Sergio Antonio Fabris Editor, 1999.

CLÈVE, Clèmerson Merlin. *Temas de Direito Constitucional (e de Teoria de Direito)*. São Paulo: Acadêmica, 1993.

____. *A Fiscalização Abstrata da Constitucionalidade no Direito Brasileiro*. 2 ed. rev. atual. ampl. São Paulo: Editora Revista dos Tribunais, 2000.

COELHO, Inocêncio Mártires. *As ideias de Peter Häberle e a Abertura da Interpretação Constitucional no Direito Brasileiro*. Revista de Direito Administrativo, nº 211, jan./mar. 1998.

CUNHA JÚNIOR, Dirley da. *Curso de Direito Constitucional*. 2 ed. rev. ampl. e atual. até a EC nº. 56/2007. Salvador: Editora Jus Podivm, 2008.

DAHL, Robert A. *Sobre a Democracia*. Brasília: Editora da Universidade de Brasília, 2001.

DWORKIN, Ronald. *Levando os Direitos a Sério*. Tradução e notas de Nelson Boeira. São Paulo: Martins Fontes, 2002.

FERREIRA FILHO, Manoel Gonçalves. *Curso de Direito Constitucional*. 34 ed. rev. atual. São Paulo: Editora Saraiva, 2008.

_____. *O Poder Constituinte*. 5 ed. São Paulo: Editora Saraiva, 2007. 254p.

FERREIRA, Pinto. *Princípios Gerais do Direito Constitucional Moderno*. 4 ed. São Paulo: Editora Saraiva, 1962, t. I.

FIX-ZAMUDIO, Héctor. *El Derecho Procesal Constitucional Como un Sector de la Defensa de la Constitución*. In VELANDIA CANOSA, Eduardo Andrés (Coordinador). Estudios de Derecho Procêsal Constitucional. Tomo II. Bogotá: VC Editores, 2011.

GALVÃO, Paulo Braga. Emenda e Revisão Constitucional na Constituição de 1988. *Revista da Faculdade de Direito da Universidade do Estado do Rio de Janeiro*, Rio de Janeiro: CEPUERJ, v. 1, n. 1, p. 252-262, 1993.

GAMA, Guilherme Calmon Nogueira da. *Alterações Constitucionais e Limites do Poder de Reforma*. São Paulo: Editora Juarez de Oliveira, 2001.

HÄBERLE, Peter. *Hermenêutica Constitucional: a Sociedade Aberta dos Intérpretes da Constituição: Contribuição para a Interpretação Pluralista e Procedimental da Constituição*. Tradução de Gilmar Ferreira Mendes. Porto Alegre: Sergio Antonio Fabris, 1997.

HABERMAS, Jurgen. *Direito e Democracia: entre Facticidade e Validade*. Tradução de Flávio Beno Siebeneichler. V. 1. Rio de Janeiro: Tempo Brasileiro, 1997.

LENZA, Pedro. *Direito Constitucional Esquematizado*. 12 ed. rev. atual. ampl. São Paulo: Editora Saraiva, 2008.

LOPES, Maurício Antônio Ribeiro. *Poder Constituinte Reformador. Limites e Possibilidades da Revisão Constitucional Brasileira*. São Paulo: Editora Revista dos Tribunais, 1993.

MARTINS, Ives Gandra da Silva; MENDES, Gilmar Ferreira. *Controle Concentrado de Constitucionalidade. Comentários à Lei nº. 9.868, de 10-11-1999*. 3 ed. São Paulo: Editora Saraiva, 2009.

MENDES, Gilmar Ferreira. *Controle de Constitucionalidade: Hermenêutica Constitucional e Revisão de Fatos e Prognoses*

Legislativos pelo Órgão Judicial. Revista de direito constitucional e internacional. São Paulo, ano 8, n. 31, p. 90-108, abr/jun. 2000.

____.*Jurisdição Constitucional*. 5 ed. São Paulo: Editora Saraiva, 2007.

____; COELHO, Inocêncio Mártires; BRANCO, Paulo Gustavo Gonet. *Curso de Direito Constitucional*. 3 ed. rev. atual. São Paulo: Editora Saraiva, 2008.

MIRANDA, Jorge. *Manual de Direito Constitucional*. Tomo II. 4 ed. rev. e atual. Coimbra: Coimbra Editora, 2000.

MIRANDA, Jorge. *Manual de Direito Constitucional: Inconstitucionalidade e Garantia da Constituição*. Tomo VI. Coimbra: Coimbra Editora, 2001.

MONTESQUIEU. *O Espírito das Leis*. São Paulo: Martins Fontes, 1993.

MORAES, Alexandre. *Jurisdição Constitucional e Tribunais Constitucionais: Garantia Suprema da Constituição*. São Paulo: Altas, 2000.

MORAIS, Carlos Blanco de. *Fiscalização da Constitucionalidade e Garantia dos Direitos Fundamentais*. Revista de Direito Mackenzie, São Paulo, n. 1, p. 111-118, jan./jun. 2000.

MOREIRA NETO, Diogo de Figueiredo. *Direito da Participação Política: Legislativa, Administrativa, Judicial: (Fundamentos e Técnicas Constitucionais da Legitimidade)*. Rio de Janeiro: Renovar, 1992.

SAMPAIO, José Adércio Leite. *A Constituição Reinventada pela Jurisdição Constitucional*. Belo Horizonte: Editora Del Rey, 2002.

____. *Democracia, Constituição e Realidade*. Revista Latino-Americana de Estudos Constitucionais. [S.L.]. n. I. jan./jun. 2003.

____. *Poder Constituinte e Poder Popular*. 1 ed. 3 tir. São Paulo: Malheiros Editores, 2007.

SARTORI, Giovanni. *A Teoria da Democracia Revisitada*. Volume I – O Debate Contemporâneo. Tradução do Original The Theory of Democracy Revisited. New Jersey: Chatham House, 1987. São Paulo: Ática, 1994.

SILVA, José Afonso da. *Tribunais Constitucionais e Jurisdição Constitucional*. Revista Brasileira de Estudos Políticos. Belo Horizonte, n. 60/61, p. 495-524, jan./jul. 1985.

____. *Curso de Direito Constitucional Positivo*. 15 ed. rev. e atual. São Paulo: Malheiros Editores, 1998.

TAVARES, André Ramos. *Tratado da Arguição de Preceito Fundamental. Lei n. 9.868/99 e Lei n. 9.882/99*. São Paulo: Saraiva, 2001.

TEMER, Michel. *Elementos de Direito Constitucional*. 18 ed. São Paulo: Malheiros Editores, 2002.

VIEIRA, Oscar Vilhena. *Supremo Tribunal Federal: Jurisprudência Política*. 2 ed. São Paulo: Malheiros, 2002.

ZAFFARONI, Eugenio Raúl. *Poder Judiciário: Crises, Acertos e Desacertos*. São Paulo: Editora Revista dos Tribunais, 1995.

www.ingramcontent.com/pod-product-compliance
Lightning Source LLC
Chambersburg PA
CBHW051316220526
45468CB00004B/1366